暮らしのなかの
工夫と発見ノート

今日も
ていねいに。

松浦弥太郎

PHP文庫

はじめに　～目覚めたときの深呼吸～

子どもの頃は、何か目にするたびに質問するものです。

「ねえ、どうして犬はしっぽを振るの？」

「うれしいと思うと、しっぽを振るんだよ」

大人が答えると、子どもはつぎつぎと、新たな質問を繰り出します。

「どうして犬は、うれしいと思うの？」

「みんなと一緒で、いいお天気だと、うれしいと思うんだよ」

「どうしてみんなと一緒で、いいお天気だと、うれしいと思うの？」


あなたは、こんな質問を繰り返して、大人を困らせたことはありませんか。

永遠に子どもではいられないから、人はいつのまにか「質問する側」から「されるる側」に変わります。「大人という役割」ではありますが、少しさびしいものです。

ところで、「どうして？」という好奇心を持ち続けるのは、実はとても難しかったりします。

大人の顔で生きることに慣れると、毎日はただの繰り返しになってしまいます。「だいたい、こんなもんだろ」という馴れ合いで、すべてこなしてしまう。「どうせ、また同じパターンだ」と、すべてを受け流してしまう。

こんな暮らしを続けたら、人の心はたちまち、二、三日放っておかれたパンみたいに、カチカチになってしまいます。からだが年月とともに変わっていくのは自然のありようですが、心は別です。心が固まってしまうなんて、とても悲しいことです。

目に見えない部分を初々しく保つ――これが新鮮に生きていく方法だと僕は思います。「成長しなくてもいいけれど、いつも新しくありたい」と願うのです。

子どものままの好奇心のかたまりを、大人になっても、ずっと持ち続けることができたら、どんなに素敵でしょう。子どもの頃は人に尋ねていた答えを、自分自身で探したら、無限の発見があることでしょう。

それはおそらく「大人の役割」ではなく、「大人の楽しみ」であり、「生きていく目的」だとさえ思います。

この本は、「どうして?」という問いかけによって、日々を新しくするための秘訣です。暮らしのなかの一つ一つの出来事と向き合い、じっくりと考え、頭だけでなく自分という存在すべてで取り組むためのやり方を、たくさん並べてみました。

慌しい世の中や人間関係でブレてしまった心の矛先を、そっと自分自身に向けなおす僕なりのやり方を、紹介しようと思います。


かつての僕は高校をドロップアウトし、アメリカを旅しました。帰国後は肉体労働をしながら、路上で本を売っていました。いまは書店の経営、文筆業、『暮しの手帖』の編集長を務めています。僕の役割を、良い意味で、大きく変わったと言ってくださる方もいます。

しかし、どんな役割に変わっても、「どうして？」という気持ちを保ち続けてきたからこそ、僕は僕のままでいられるような気もしています。

問いかけにていねいに答えれば、毎日が工夫と発見であふれます。おいしい食事のように、ほっとやすらぐお茶のように、日々を味わっていただけたら幸いです。

目次

第2章

とびきりのランチ ……67

～人や社会とのつきあいに、秩序と喜びを加えましょう～

第4章 おだやかな晩ごはん ……155
~いくつもの今日という日を、ていねいに重ねましょう~

第1章

すこやかな朝ごはん

～自分をととのえ、暮らしの基本をつくりましょう～

毎日が「自分プロジェクト」

ほんのささやかなものでも、ごく小さなものでも、「うれしさ」がたくさんある一日がいい。そんな気持ちで、朝、目を覚まします。

小さなうれしさがたくさんある一日であれば、ほんのりしあわせになります。そんな毎日がずっと続けば、生きているのが楽しくなります。

そのための僕なりの方法が、自分プロジェクトです。

自分プロジェクトとは、誰かに「やれ」と、言われたことではありません。自分でしかつめらしく「やらねばならぬ」と、決めたことでもありません。

仕事でもいいし、毎日の暮らしのなかの、些細なことでもいい。

「これができたら、すてきだろうな、面白いだろうな、きっと新しい発見があるだろうな」

そういった小さなプロジェクトをいくつもこしらえ、あれこれやり方を工夫し、夢中になって挑戦し、順番にクリアしていくことです。

自分プロジェクトとは、言葉を換えれば、自分で問題を見つけ、答えを考える「独学」です。一日に一つ何かを学ぼうとする心持ちです。

何かしら学ぶのですから、そこには必ず工夫と発見があります。先生もいない一人だけの取り組みなので、ちょっぴり大変ですが、それが醍醐味でもあります。

たとえば、僕の自分プロジェクトその一は、「おいしいハーブティーを淹《い》れること」。ハーブティーを飲むのは、僕の朝の習慣です。

日本茶、紅茶、中国茶、お茶というのはどんなものでも、雑に淹れるのとていねいに淹れるのとでは、まるで別の飲み物になります。

単なる朝のルーティンとして、ぱっとお湯をさしただけのハーブティーをひとくち飲み、おいしくないので半分残す——これでも生活に支障はきたしません。

しかし「おいしいハーブティーを淹れる」という自分プロジェクトに、毎朝、真剣に取り組んでいると考えたらどうでしょう? おそらく、お茶を淹れるたった五分が、工夫と発見のひとときに変わります。暮らしがすこし豊かになります。

「今朝は濃すぎたかな」などと、失敗してもいいのです。プロジェクトに失敗はつきもの、そこから見えてくるものが必ずあります。

失敗を重ねたからこそ、「よしよし、ちょっとお湯の温度を変えたら、いい香りが出た」という具合に、うまくいく方法もみつかり、自信がつくのです。

「おいしいハーブティーの淹れ方」――僕にとってはこれも立派な「発明」です。

人にはばかばかしいと笑われても、たかがお茶だろうと言われても、自分なりのささやかな発見がそこにあれば、毎日にリズムができ、仕事だってうまくいきます。

ところで、自分プロジェクトには、このように小さなものもあれば、大きなものもあります。

たとえば、僕の自分プロジェクトその二は、「ギターを弾くこと」。

もうすこし詳しく言うと、「大好きな一曲だけを、じっくり二十年くらいかけて、気持ちよく弾けるようになりたい」という長いスパンのものです。

実を言えば、僕はもう、その曲が弾けます。

しかし、自分が思う「いい感じの弾き方」にはまだまだ届いていないので、繰り返し繰り返し、その曲を練習しているのです。

コンサートに出るわけでもなく、プロになるわけでもなく、期限を区切っているわけでもない――ただ、自分が納得するまで弾き続けるという「自分プロジェクト」。

ハーブティーをおいしく淹れるよりも時間はかかりますが、それだけ長く楽しめる、大きなプロジェクトだと僕はとらえています。七十歳くらいになって孤独と暇が訪れたとき、ギターが気持ちよく弾けたら、さぞかしうれしいだろうと、わくわくします。

じっくり取り組んでいきたいので、すぐにマスターしてしまったら、むしろつまらないとすら感じているのです。

どんな人も、何も考えず、流されながら暮らしていくのは、さびしいものです。

自分が何を目的として生きているかわからないのは、せ

つないものです。

そんなとき、たくさんの「自分プロジェクト」を持っていれば、朝、起きる目的も見つかります。

すこし慣れてきたら、暮らしの工夫や趣味ばかりでなく、仕事や人間関係にも「自分プロジェクト」をつくりましょう。するとやがては、自分の生き方を、自分の手でコントロールできるようになるでしょう。

○できるだけたくさん、「自分プロジェクト」を考えてみましょう。
○プロジェクトはメモにして、いつも目につくところにおきましょう。

「おはよう」の効用

出勤時間やごみを出す朝、特定の誰かと顔を合わせる時間帯がつらいという人がいます。それは苦手な人と顔を合わせる時間だからではありませんか。

あなたにも、そんな人がいませんか？　たとえば駅の改札で顔を合わせて、会社までのわずか数分を一緒に歩くのが気まずい相手。お昼時や買い物に出かけるとき、微妙に時間をずらしたくなる相手。

苦手な気持ちというのは不思議なもので、黙っていても相手に伝染します。「もしかして、この人は自分が嫌いなんじゃないかな？」とあなたが思っているとしたら、相手もそう思っているもの。おたがい苦手オーラをかもしだすようになれば、もっと気まずくなります。改札口でその人を見かけたとたん、自動販売機に駆け寄って一緒にならないようにするなんて、くたびれるうえに、かなしい小細工です。

苦手な人にこそ、こちらから近づいていきましょう。嫌われているだろうな、と思う相手にこそ、話しかけましょう。

これも立派な自分プロジェクト。試してみる価値はおおいにあります。

ニューヨークにいた頃、アパートの又借りをしていたことがあります。

家主の女の子はボーイフレンドの家に泊まることが多く、僕に自分の部屋を貸せばお小遣い稼ぎになる。僕もホテルよりアパートのほうが好都合だったのですが、それはあくまで僕と彼女の取り決めです。本当は禁じられていたし、僕は外国人。入口にいる管理人は、僕が出入りするたび、ギロリとにらみつけていました。「住んでもいないおまえが、なぜ朝晩、ここにいるのか?」と不審に思っていたのでしょう。僕が「友だちの家に泊まりにきているから……」と話しても、信じてくれません。やがて顔をそむけてコソコソするようになり、しまいにはアパートの出入りがストレスとなってしまったのです。

いくら些細なことでも、毎日のことですから影響は大きくなります。悪くすれば、小さな「苦手意識」が誤解を呼び、トラブルを引き起こすかもしれません。

僕は意を決しました。相手が自然に変わるなんてありえないのだから、自分から歩み寄り、心を開こうと。そこであるとても暑い日、スーパーでコーラを買って帰りました。そしてアパートの入口にいる管理人にほほえみかけ、こう言ったのです。

「こんにちは。今日は特別暑いから、あなたにコーラを買ってきたよ」

すると彼はとても喜び、何度もお礼を言いました。それからは毎朝、気持ちよく「おはよう」と言いかわせるようになったのです。

彼の心に届いたのはコーラではなく、歩み寄ろうという僕の気持ちだと思います。その意味で、あいさつとは魔法の杖。それだけで人との関係が画期的に変わります。

もっとも、管理人とはにこやかにあいさつできる仲になりましたが、友だちになったわけではありません。誰とでも親友になるというのは、無理な話で当然でしょう。

それでも、僕の世界は大きく変わりました。あいさつだけで、たとえ最低ラインでも、気持ちよい人間関係をキープできる――考えれば、すごいことだと思うのです。

「おはよう」一つで、人とのもやもやだって消えうせます。

とことん話すのは無理な相手でも、自分から「おはよう」と言ってみましょう。相手ばかりか自分まで気分が変わり、朝がすてきになるはずです。

○苦手な人こそ、自分から話しかけましょう。歩み寄ってくる人を拒む人はそういません。

○一人きりでも「おはよう」と言葉にしましょう。その日一日が、ぴかぴかになります。

ゆったりするための一時間

いつもより一時間早く起きた朝は、ゆったりできます。ていねいに顔を洗ってもいい。朝ごはんをのんびり食べてもいい。いつもはバスに乗る道を、てくてく歩いて出かけてもいい。

僕が八時に会社に行くのは、始業時間が九時十五分だからです。人より早いこのおよそ一時間は、自分だけのひととき。早くスタートを切れば、その日一日の仕事に余裕が生まれます。

自分をゆったりさせるための時間は、ことのほか貴重です。自分ひとりでやらなくてはいけない仕事を、誰もいないうちにひととおり済ませておけば、始業時間にやってくる職場の人たちと、しっかり向き合うこともできます。

僕たちの毎日は放っておくと、三十分かかる仕事を無理やり十分で済ませようという競争の連続になってしまいます。しかし、「一時間余裕があるな」と思っていると、そんな焦りから解放されるのです。

一時間早くするとは、自分の時間が一時間多くなるということ。

ゆとりがあれば、安心できます。ゆとりがあれば、工夫ができます。

「こんなことを試してみよう」と考えて取り組めば、ありふれた仕事にも新たな楽しみが見つかるでしょう。一時間早くする——たったこれだけで一時間多く楽しめるのですから、なんともおトクなのです。

「一時間早く眠って一時間早く起きる」と、口で言うのは簡単ですが、実際はなかなか難しいもの。それでも暮らしに楽しさとゆとりがほしい僕は、すこしずつ、いろいろなシーンで「一時間早く」を実行しようと思っています。夏はもちろんのこと、秋でも冬でも「一人サマータイム」を取り入れたりしています。

一時間多く眠るより一時間早く起きるほうが、暮らしは心地よくなります。

○目覚まし時計を一時間早くセットしましょう。朝の一時間には黄金の価値があります。

○ていねいにつくった朝ごはんを、一時間かけて食べるのは本当の贅沢です。

楽しみの発見・喜ぶ工夫

「最近、何か楽しいことはあった?」こうたずねられたとき、「どうかな、特別に楽しいことはなかったな」などと、あっさり答える人がいます。そのたび、僕は、ああもったいないないなと思うのです。楽しみは、発見するもの。喜びは、工夫から生まれると僕は信じています。

息をつく間もない忙しさ、気持ちのごたごた、どうみても大変な仕事――こんなときこそ、楽しみを発見しましょう。そうしなければ、山みたいにそびえたつプレッシャーを乗り越えるのは、よけいに苦しくなります。

僕はそれを、本物の山のなかで知りました。『ブルータス』という雑誌の仕事で、アメリカのトレッキング・ルートを旅したときのことです。そこはジョン・ミューア・トレイルという、踏破《とうは》するには一カ月かかる長い歩道でした。

ヨセミテ渓谷につながる道は、標高三〇〇〇から四〇〇〇メートル級。いくつもの国立公園に囲まれ、厳格に保護された自然のなかを歩く行程は、きついものでした。

僕はそもそも、シャワーも浴びられず、わざわざつらい思いをして山道を歩くといったアウトドアが苦手です。「そこでしか見られない景色を見たい」という思いで旅すると決めたものの、なかなか乗り気になれません。その状況で、どうやって自分の気分を盛り上げていくか——これがなにより肝心な準備でした。

歩く目的の旅であれば、いちばん大切なものは靴でしょう。出発は夏でしたが、僕は春先にサンフランシスコを訪れました。市街から遠く離れた山のなかに、世界一履き心地のいい靴をつくる『Murray Space Shoe』があります。

友人でもある店主のフランクさんに、今年の夏はこんな行程でこういう場所を歩くという話をし、登山ブーツ用に石膏の足型をとってもらって帰ってきました。すべて注文してからの手作業なので、仕上がるのは一カ月後です。

僕のふるまいを、馬鹿げたことだと思う人もいるかもしれません。たかが靴のために飛行機に乗ってサンフランシスコまで行き、レンタカーを借りて山道を三時間も走り、注文だけして帰ってくるなんて、酔狂だと笑われることもあります。

しかし世界に一足しかない、自分の足の形にぴたりと合った靴は、過酷な道のりを歩くときのお守りになってくれました。

「山のなかで絶対に足のことで困らないように」

フランクさんがそんな思いやりを込めて、プロとしての確かな腕でつくりあげた靴なのです。一歩踏みしめるごとに、彼への信頼が深くなりました。

僕はやがて歩きながら、「山を降りたら、フランクさんのところに寄ろう。この靴がどんなに頼もしい味方になってくれたか、話をしてお礼を言おう」と考えながら歩いていました。靴をつくってもらう――このひと手間で、僕はフランクさんとともに旅する楽しみを発見しました。登山靴をあつらえることで、歩くというルーティンを喜べるような工夫をしたからこそ、つらい道を歩きとおせたのです。

もう一つの工夫として、僕は山に、檜《ひのき》でできた漆のお

わんを持っていきました。

山のなかの食事といえば、缶詰やフリーズドライ食品をアルミや鉄の食器で食べるのが普通です。「そういうものだ」と受け入れてしまえばそれまでですが、味気ないのは確かでしょう。そこで僕は、軽くて上等のおわんを持っていこうとひらめいたのです。

聞くところによると、本当に高級なおわんは、昔は檜でつくられていたそうです。しかし檜を加工するのはとても難しい職人技なので、今、巷に出回っている品は、たとえ一級品でも欅《けやき》素材だといいます。

「なんとか檜で、昔ながらのおわんをつくってくれる職人さんがいないものか」

一生懸命に調べたところ、たった一人、昔ながらのやり方で檜のおわんをつくっている職人さんを探しあてました。その昔、お坊さんは、食事もお茶もおわん一つで済ませたといいます。僕も一生使いつづける気持ちで、とびきりのおわんをつくってくださいとお願いしました。それを初めて使う場を山のなかにしたのです。

「地べたに座って最高級のおわんでいただくごはんは、どんな味がするだろう？」

そんな好奇心もありました。はたして、山のなかで漆塗りの檜のおわんと匙《さじ》を使っていただくスープは、極上の口当たりだったのです。

大変なときこそ、小さな喜びを持ち込む工夫をしましょう。仕事でも私的なことでも、好奇心があれば乗り切れます。わざわざ山のなかに行かなくても、毎日を工夫と発見の場にするチャンスは、いっぱい探せると思うのです。

○人から見たらささやかでも、自分にとっては大きな喜びになることを実行しましょう。
○「失敗するのが当然」という前提で、どうやって楽しむかを考えましょう。

新しい自分を見つける近道

「いつも新しい自分を模索したい」

僕にはこんな願いがあります。毎朝、毎日、新しい自分を探すのが楽しいと感じているのです。

なぜなら僕は、完璧ではないから。理想の姿ではまるでないから。

もちろん、暮らしの小さなことでも、人とのかかわりでも仕事でも、自分なりに誤っていない道を歩んでいるつもりです。「一〇〇パーセント、この道でいいのだ」と信じてスタートします。

それでも、僕はたぶん間違えます。正しいとしても、その道が完璧とも限りません。だから信じると同時に、「もっとほかのいい道はないか」あるいは「別のやり方があるのではないか」と考えることをやめません。

ほかの道、別のやり方を考えることは、今の自分を否定すること。

自己否定というと暗い言葉だと感じるかもしれませんが、これこそ新しい自分を見つける近道です。

昨日とまったく同じ今日が来て、そっくりの明日が続いて、いつのまにか月日がすぎていく。こんな現状維持は、まるで進歩がなく、つまらないと思います。何一つ変わらないまま月日がたてば、心はそのうち、やわらかさを失います。

精神が凝り固まるほど、危険なことはありません。

「絶対にこれが正しいんだ！」という主張にしがみついたとたん、成長は止まるものです。

「〜しなければいけない！」と断じるクセがついてしまえば、新しい自分を見つけるなんて、とうていできなくなるでしょう。

温故知新という言葉があるとおり、古いものや先人の知恵から学ぶことはたくさんありますが、その一方で、今の時代ならではの自分なりの新しさを見つけることは、生きている証ではないでしょうか。

だからこそ、いつも自分を壊したい。自己否定をくりかえし、自分をこなごなに壊したい。心をやわらかくし、新しい精神を見つけたい。そう願ってやまないのです。

○心をやわらかくするために、まずは「絶対」「普通」という言葉を禁句にしてみましょう。
○いつもの自分と違うことを、今朝は何か一つ試しましょう。

きよらかという自信

僕が経営する古書店カウブックスの大切な仕事は掃除です。

六年前に開店したときから、スタッフにはことあるごとに「見えないところをきれいにしよう」と言い続けています。

三十分あればひととおりの掃除はできるようなスペースを、毎日二時間かけて掃除する。これをばかばかしいと思う人もいるようです。毎日掃除しているのですから、磨く場所が見つからないほどきれいなのです。ほとんどのスタッフが、「毎朝、無意味なことをやらされている」と感じているようでした。

ところが、そのなかの数人は楽しそうに掃除をするということに、僕はやがて気づきました。その一人にたずねてみると、こんな言葉が返ってきました。

毎日やると決めたのだから、「大変だ」とか「なんの意味があるんだろう」などと考えず、楽しんで掃除をしようと決めた。すると、毎日磨いている積み重ね

が自信になって、お客さまに胸を張って「いらっしゃいませ」と言えるようになった――。

彼らの答えを聞いたとき、秀《ひい》でた人かそうでないかは、与えられた仕事を楽しめるかどうかの違いなんだな、と感じました。

僕が掃除を徹底している理由も、彼らの答えと似ています。カウブックスというこれまでなかった古書店を始めるとき、経営や接客のすべてが手探りで、自信をもてるところが何一つありませんでした。そこで僕は、自分たちが今いる場所を大切にしていれば、ささやかでも確実な自信になると思ったのです。「すみずみまで毎日掃除している」という努力の事実があれば、小さくても誇れるものができると。

それは今でも続いており、『暮しの手帖』でも僕は同じことをしています。一生懸命に磨き、整理整頓し、毎日掃除を続ける。これを守っていれば、ごくたまに小さな埃が見つかるとしても、よくある失敗ですみます。「ええっ、その棚は見られたくないな」という部分がまるでないだけで、堂々と振舞えます。

毎朝の掃除で、きよらかさをつくりだせば、誰でも強くなれるのです。

○家でも職場でも、自分の空間をきれいに整理整頓しましょう。
○きれいなところを、もっときれいにすることは、一つの創造です。

実行する実行家

思うこと。考えること。アイデア。

僕の場合、これがなくては仕事にならないし、暮らしていけないと言えるくらい、いろいろなことをよく考えます。

アイデアは大切ですが、実行する行動力も大切です。さもなくば、手のひらからこぼれおちる砂粒みたいにアイデアが消えてしまうのも事実でしょう。

「あんなことをやりたい」と、いろいろ話す人はいますが、一向に手がけている気配がないと評論家になってしまいます。思って、考えて、人に喋り、何も始めないうちに結論を出してしまうようになるのです。始まりもないのに終わりが来る――そんなあっけない暮らしは、できる限り避けたいと思います。

そこで目指すは、実行する実行家。

アイデアが浮かんできたら、思うだけでなくやってみます。発明が実験によって進化するがごとく、試してみれば新たな考えも生まれてくるものです。

そのための工夫は、難しいことではありません。毎朝、今日やることを書いた、箇条書きのリストをつくるだけ。

仕事でやるべきこと、自分プロジェクト、「娘とプールに行く」なんて、ちょっとしたことも書いていきます。人は忘れやすい動物で、せっかく自分がやりたいと思った楽しいことすら、リストなしでは忘れてしまうからです。

リストができあがったら、簡単なことから実行していきます。できなかったら次の日に繰り越し、翌日もできなかったら、その翌日に繰り越します。

全部が簡単なことではないので、繰り越しがえんえんと続くことも、まああります。それでも一向にかまいません。「繰り越している」という状態を自覚するだけで、ずいぶんと違うのです。

どうやら人には、できなかったことを「なかったこと」にしてしまう心の作用があるようで、へたをすると、できなかったことを忘れる努力をしかねません。

そこで、「やりたいけれど、できていないんだ」と確認することが、かなめとなります。

十九歳のときアメリカで、はじめてシステム手帳というものを見ました。六穴式バインダーの手帳です。ご存知のとおりいろいろなレフィルがありますが、当時の僕がいちばん驚いたのは things to do というフォーマット。「○月○日、今日のやるべきこと」を書き込む欄には、左端に小さな四角いチェックボックスがついていて、あとで自分が書いたことをやったかやらないか、振り返りもできるのです。なんて合理的なんだと、びっくりしました。

僕はシステム手帳を使ってはいませんが、毎朝の基本は things to do。フリーハンドで自由に書いていくだけで、リマインダーにもなります。

今日の things to do、今月の things to do があれば、暮らしも仕事も山のてっぺんから見渡すようにクリアになり、実行する実行家の第一歩が踏み出せます。

○リストがあれば、ぱっと見るだけで一日の流れがわかって安心です。
○大切なことより、簡単なことからやっていくのが挫けないコツです。

心地よいリズム

流されて一日を送るより、自分らしいリズムで過ごしたい。

一日の行動を「自分プロジェクト」にしたい僕にとって、心地よいリズムは、ことのほか大切なものです。

今日やることを箇条書きでリストアップしたら、優先順位や効率だけを考えるのではなく、自分にとって心地よいリズムでこなしたいと思います。

まわりの影響は受けるものの、何かをするときの動機は自分発でありたい、自分のかかわることは自分でコントロールしたい、そう願っているのです。

僕にとって心地よいリズムは三拍子。すべては一・二・三、一・二・三の繰り返しで動いていきます。

一・二・三ときたらそのまま四・五・六と続くのではなく、次の一・二・三に取り掛かるといった具合。自分プロジェクトも仕事も三拍子で進めていきます。

たとえば『暮しの手帖』で「若い読者に強い印象を与えるような特集を組む」という新しい企画を始めるとします。

その際に僕は、一号だけでがらりと変えることはしません。一・二・三のリズムにのって、一つの目的を三回にわけて果すのです。

一回目は模索的に新しいことを実験する。二回目は一回目の実験でわかったことを生かして完成形に近づける。三回目は一二〇パーセントの成果を目指してチャレンジする。こういった段階を踏んでいます。

変化が大切だといっても、一号でいきなり刷新《さっしん》してしまうと、読者は変化にびっくりしてしまうかもしれません。しかし三段階にわけて変えていけば、一緒についてきてくれるように感じます。

また、三回目で結果が出れば、それだけ編集部のレベルが上がったことになります。つまり次に新しい企画を立ち上げたときの一・二・三は、振り出しに戻って繰り返すということではなく、一段高いレベルでの一・二・三なのです。

わかりやすいように仕事を例にとりましたが、段階を踏んでゴールを目指すとは、生活すべてにおける誠実さです。まわりや相手との調和をとり、確実にゴールするための秩序ある方法といってもいいでしょう。

家族や友だちや恋人、人と係わることはとくにリズムとそのスピードが大切です。もしも一足飛びに自分だけが先走った気持ちを押し付けたら、変化の準備ができていない相手は思いを共有できず、戸惑ってしまうでしょう。

一・二・三・四・五・六・七・八……と自分のペースだけで一気にまっすぐ突き進むことは不可能。そんな乱暴なやり方で果せる目的なんて、ほとんどないのが普通です。ことを急《せ》いて失敗するのは目に見えています。

それよりは自分のリズムをもとにした方法論をもったほうが、人づき合いや生活はたしかなものになり、仕事はやりやすくなります。そこから安定も生まれます。

リズムは人によって違います。あなたのリズムは一・二、一・二かもしれないし、起承転結のごとく一・二・三・四が心地よいリズムという人もいるでしょう。そのときの状況によってもリズムは変わります。

いずれにしろ、物事には順序がある。瞬間的に結果を出そうとせず、リズミカルに段階を踏んでゴールを目指しましょう。

これはもともと、スポーツの考え方です。私は高校まで真剣に運動をやっていました。そこでわかったのは、筋肉なんて一気につかないし、どんな競技でも、ある日突然うまくなることはないということです。スポーツを通して、まず脚腰を鍛え、さらに上半身を鍛え、心肺機能を高めるというリズムを自然と学ぶことができました。

ファッションブランド minä perhonen の皆川明さんも、かつてマラソン選手だったそうです。彼から「ずっと先まで minä のプランはつくってあるけれど、一気に結果を出そうとは思わない。今見えているものは、結果ではなくて過程。トレーニングをしていくように順番に積み上げてゴールに近づいていく」という話を聞いたことがあります。

きっと皆川さんにも皆川さんの、心地よいリズムがあるのでしょう。

ビジネスにも生活にも、あなたならではのリズムを刻みましょう。誠実に着実に、ゴールに近づく秘訣です。

○音楽をかけると作業がはかどるように、自分自身のリズムに耳を傾けましょう。

○時には相手のリズムも意識して、共に演奏するように楽しみましょう。

心のこもった食事

食事は人生にかかわります。

基本的には一日に三回、毎日繰り返すことですし、何も食べずに生きていくことはできません。

自分や家族の手料理でも、お店で売っているサンドイッチでも、つくった人の心がこもったものを、おいしく食べたい。食べるということに対して、きちんと感謝したい。それ以外のものは、おそらく毒に近いんじゃないかと思います。忙しさを口実に、いつも機械でつくられたものばかり食べていたら、大人も子どもも不幸になってしまう気すらします。

「料理をする時間がない」という言い訳をする人。

「お金がない」と言ってレストランに行かずに、コンビニエンスストアに飛び込む人。

たしかに街中に、あらゆる便利な食べ物があふれています。しかしそれらは、あくまで緊急の場合、やむを得ないときの非常食。「体に悪いけれど、今は仕方がない」という認識をもって、我慢しながら食べるべきものです。

それなのに、コンビニのサンドイッチで朝ごはん、お昼はカップラーメン、夜はデパートのお惣菜という食生活が「基本」になったら、味覚はどんどん鈍くなります。

添加物の問題もありますが、「心がこもっていないものを食べても満たされない」というのも大きいでしょう。その証拠に、おにぎりやカップラーメンだけでは物足りないと、菓子パンやお菓子を追加する人も多いようです。こんな暮らしが続けば、体だけではなく、心の健康も損なわれてしまいます。

「一日三食、自分で料理をしろ」と言うつもりはありません。

「外食するならオーガニックの店か高級レストラン！」と言いたいのでもありません。

その日の体調や置かれた環境、忙しさやお財布のぐあい、あらゆる制約があるなかで、「今の自分が選べるなかで、最良の食事は何か？」をきちんと考え、選択しようという提案をしたいのです。

たとえば、今日は一日忙しくてランチに出かける時間もないと思ったら、朝ごはんのついでにおにぎりをつくり、会社に持っていく。

朝ごはんをつくれないとき、自動的にコンビニに飛び込むのではなく、できたてのサンドイッチを出すカフェを見つけて立ち寄ってみる。

考えてみれば、お金をかけなくても、毎回自分でつくらなくても、心のこもった食事をする方法はたくさんあります。

もう一つ、一人のときの食事も同じように大切にすることも忘れずに。

「人につくって食べさせるのは頑張るけれど、一人ならカップラーメンでいい」友人である料理人がこう言ったとき、僕は怒りました。自分の手料理を食べた人に喜びとしあわせを感じてほしいなら、まず自分がしあわせにならなければだめじゃないかと。「自分だけだから、まあいいか」と思ったとたん、おいしさもしあわせも逃げていきます。

朝ごはんは、一日のはじまり。あなたが一人暮らしでも家族がいても、忙しくてもゆったりしていても、どうか、すこやかな「いただきます」を。

○いつでも、料理した人の顔が見えた、心のこもったものを食べましょう。
○誰かのために、そして、自分のためにも、まずは簡単な朝ごはんをつくってみましょう。

優雅な箸づかい

滅多に着ないたった一枚のよそいきを手に入れるより、毎日履く靴を上等にするようなおしゃれが格好良いと思うのです。
「これさえ身につけていれば、どんなときもなんとかなる」という一つが何かは、人によって違いますが、品物以外で、どんな人にも役立つお守りがあります。
それはあいさつと箸づかい。
「おはよう、こんにちは」といったあいさつが自分を守ってくれる話はすでに書きましたが、優雅な箸づかいも日本人にとっては心強い味方になります。
食事のマナーはあれこれややこしいのですが、いちばんの基本はお箸でしょう。簡素な朝ごはんでも、格式の高い懐石料理でも、和食は必ずお箸を使います。お箸さえ完璧に使いこなせれば、それでなんとか大丈夫。

「すみません、箸づかいが下手で」と言う人もたくさんいますが、だからこそ箸づかいをうまくするだけで、品格がちがってくると僕は感じるのです。

お箸は毎日使うものなので、練習のチャンスはたくさんあります。おまけに、僕は目からウロコの秘策を教えてもらいました。秘策といっても実に単純で、その方法はお箸の上のほうを持って使うこと。

人は普通、お箸の真ん中あたりを持ち、下手な人ほど下のほうを持つらしいのです。逆に言えば、できるだけ上のほうを持つと、とてもきれいに見えるということです。

位置を変えるだけで優雅になり、箸づかい名人になる第一歩となります。誰かと一緒に食事をするときも安心だし、自信になります。食事の機会というのは正式な会席ばかりでなく、「ちょっとお蕎麦屋さんで」という場合もあるでしょう。そう考えれば、優雅な箸づかいの出番は多いもの。

一人で食べるときにもていねいな箸づかいをすれば、あなたの暮らしは変わります。

○あきらめずに、お箸の持ち方を見直してみましょう。
○どんなことでも基本中の基本が身についていれば心強いものです。

清潔なたたずまい

何を始めるのも、まず清潔に。清潔感とは、人生の作法です。世界のすべてにかかわる土台とは、清潔感だと思います。「どんなことができるか、何を持っているか」よりも、清潔感があるほうが、はるかに尊いと感じます。僕にとって清潔感を保つとは「ここが崩れると自信を失う」という境界線。どれほど賢くても能力があっても、馴れ合いに塗り込められて清潔感が姿を隠したら台無しになってしまう――そんな気がしてならないのです。清潔な土台があってこそ、心地よい暮らし、良い仕事、新しいアイデアが生まれるのではないでしょうか。

つねに清潔なたたずまいでいるには、年を重ねても、経験を積んでも、初々しさを忘れないこと。新しいことにわくわくし、うれしいことには飛び上がって喜び、素直な気持ちをなくさないよう、大人になるほど気をつけねばならないと思います。

間違ったことをしたら潔く謝り、失敗はちゃんと認め、決して嘘をつかず、いつも正直・親切を心がける。これが心の清潔を保つ方法です。

どれもシンプルですが、たいそう難しくもあります。だからこそ、私はときどき自分に対して「清潔であるかどうか」を問いかけています。清潔感は生きる姿勢でもあり、姿かたちにも清潔感は欠かせません。そこで大切なのは、正しい姿勢です。

どんないいものを着ていても、姿勢が悪かったら台無し、また、質素なものでも、姿勢良く着ていれば、とても上等なものに見えるものです。

下を向いて歩いたり、斜めに傾いて立っていれば、どうしても臆病になってしまうもの。姿勢が悪いと背骨や内臓にも負担がかかるうえ、思考までどんよりします。

暮らしも仕事も歪んでしまわないよう、健康管理のつもりで正しい姿勢を心がけるといいでしょう。気の利いたことを話さなくてもいい。飾らなくてもいい。

正しい姿勢と素直な心で、清潔な毎日を送りましょう。

○下を向いて歩いたり、前かがみに座るくせがあったら、早めに直してしまいましょう。
○かかとや耳の後ろなど、体のなかで、普段は目につかないところほど、清潔にしましょう。

出会う人は「先生」

僕がよく利用する駐車場に、ちょっと苦手な係員がいました。口うるさい初老の男性。利用するたびに、僕たちは同じやり取りを繰り返したものです。

「車のミラーを閉めなさいよ。ここの駐車場は、閉めなきゃ入れないんだから」

「すみません、僕の車はミラーのところが壊れていて、閉まらないんです」

「そんなのそっちの都合だろう。ラインからはみ出ないように閉めてください」

「いや、でもこの前もその前も、閉めないままで入れましたよ」

こんな押し問答を繰り返すのは、いい加減にうんざりしているのですが、そこがいちばん便利な場所なのでやむを得ません。毎回、同じやり取りをするので、いつの間にか係員の顔まで覚えてしまいました。

先日、ついにひと悶着《もんちゃく》が起こりました。いつもはしぶしぶ通してくれる係員が、手で無理やりミラーをぐいっと閉めてしまったのです。

別に壊れはしませんでしたが、やはりそんなことをされるのは気分がいいものではありません。実のところ、僕は腹を立てました。

車はとめられたので我慢して買い物に出ましたが、僕が怒っていたことは相手にも伝わっていたでしょう。いくらか声を荒《あら》らげたかもしれません。

いやだな、と思いました。駐車場に戻って料金を支払うとき、またあの係員と顔を合わせるのです。どう考えても気まずいけれど、車を置いたまま帰るわけにもいきません。

そのとき僕は思い出したのです。昨日より今日、自分がちょっと変わって新しくなりたいのなら、まわりから学ばなければならない。そして、いちばんの「先生」は、人なのだということを。

毎日のなかで接するものは、無限にあります。経験や出来事、本やアートや音楽、さまざまなものから刺激を受け、人は変わっていきます。

僕とてそれは同じですが、これまで生きてきたなかで、僕にもっとも大きな影響を与えてくれたのは人でした。

僕が影響を受けたなかには、尊敬できる人も凄い人も、とってもすてきな大人もいました。しかし、特別優れた人だけが「先生」でなかったことは事実です。世の中からはみ出したぼろぼろの暮らしをしていた人からも、すべてにいい加減な嘘つきからも、僕は何かを学べました。

知り合いでもなんでもない、通りすがりの人の笑顔すら、人生を形づくってくれた、小さいけれどかけがえのないパーツなのです。

その意味では、駐車場の係員もまた、先生になり得るということです。

「彼は僕に、何を教えてくれるのだろう？」

そんなことを考えながら駐車場に戻った僕は、係員にあいさつをし、「さっきはすみませんでした」と謝りました。

するとと彼は、僕が折れたことを、受け入れてくれたのでしょう。ミラーのことなど忘れたように、「いつもありがとうございます」とにっこり送り出してくれたのです。その瞬間、「苦手な係員がいる」という事実は、「苦手な係員がいた」という過去の話に変わりました。

それでも、すべての出会いがすてきなものというのは、美しい夢に過ぎません。気まずいこともあれば、腹が立つこともあるのが現実の暮らしでしょう。だからこそ、「この出会いから、自分は何を学べるだろう？」と考えることに意味があるのではないでしょうか。

今日、出会う人すべてが、自分に何かを教えてくれる先生だと思えば、相手のファッションや見てくれ、性格の良し悪《あ》しすら気にならなくなります。やさしい人から学べることもあれば、意地悪な人から学べることもあるのですから。

この考え方を試し続けていると、自然に「ありがとう」という感謝の気持ちが生まれます。人に生かされて生きているという真実を、忘れずにいられます。

○街中でふとコミュニケーションをとった人を、先生だと考えてみましょう。
○気持ちのいい体験から学べることもあれば、嫌な体験から学べることもあります。

うららかな笑顔

極上のプレゼント。生きるうえでのお守り。毎日をすてきにする秘密。

笑顔は、その全部を兼ねた魔法の杖です。

電車で乗り合わせた赤ちゃんがにこっと笑った瞬間、誰でもあたたかなものを受け取った気がするでしょう。赤ちゃんだけではありません。家族や友だち、会社の人も駅の売店の人も、誰の笑顔でもすべて同じ力を持っています。

笑顔さえ忘れずにいれば、たいていのトラブルは乗り越えられます。

たとえば外国で言葉が通じなくても、笑顔があればなんとかなります。仕事でピンチになったときも、笑顔を忘れなければ切り抜けられます。本当に困ったとき、解決策より先に必要なのは笑顔です。

笑顔は日々を輝かせます。いつもニコニコできる自分でいられたら、魔法の杖を手にしたのも同然、暮らしも仕事も豊かになります。

もっとも、いくら笑顔が大切だからといって、うわべだけにこやかにしたり、笑顔の演技をするのでは意味がありません。

心から笑える自分でいるにはどうしたらいいのか、きちんと考えてみましょう。

笑顔は誰でもできる一番簡単な努力の一つ。

「こういう人たちと一緒にいれば、自分はニコニコしていられる」

「こんなことをしているとき、心から笑いがこみ上げてくる」

考えたすえに笑顔の種がわかったら、できるだけその状態に近づく努力をします。

調子が悪いときは、誰でも笑う回数が少なくなります。心の底から笑っていないと感じたら、ちょっと心の点検が必要ということでしょう。

眠る前に「今日は何回笑っただろう」と考えてもいいのですが、朝起きたとき、「今日はできるだけ笑えるような日にしよう」と誓うのも効き目があります。

特に初めての人と会う日には、笑顔を出せるように意識し

ましょう。おたがいが何を考えているのかわからないとき、笑顔は二人の間をなめらかにしてくれます。

○ありがとうと笑顔をセットにしましょう。心も自然とこもります。
○笑顔が減っていると気がついたら、すこし一人になって自分を取り戻しましょう。

好奇心のまなざし

「明日、自分が死ぬとしたら、今日を一生懸命に生きていないのはいやだ」

これは僕の思いです。「いつ死んでも悔いはない」という意味ではありません。起きて、仕事をして、テレビを見ておしまい。それが人生最後の日なんて、死んでも死にきれないくらい悔しいと思うのです。だからといって、夢のような出会いやわくわくする冒険で日々を彩《いろど》りたいわけではありません。

明日で命が終わるとしても、後悔せず、おだやかに世を去る方法――それは、今日をていねいに生きること。これだけだと僕は思います。

ていねいに生きるには、その日が大切な一日であることを思い出させてくれる、きっかけが必要です。何か一つだけでもいいから、暮らしに新しさを投げ込みましょう。

この夏、『暮しの手帖』編集部に僕が投げ込んだ小さな新しさは、扇子でした。

何もやる気になれないほど暑い毎日、どうやったら夏を楽しめるかと考えた僕は、編集部員全員に扇子をプレゼントしたのです。

「さあ、この暑さを扇子で乗り切りましょう!」

僕が話すと、みんな笑いました。小さな扇子でパタパタやるより、エアコンのほうが手っ取り早いという人もいるでしょう。しかし扇子という、これまでの生活になかった小さな新しさが外からポーンと入ってくることで、その夏は変わります。

扇子を見るたび、「この夏はがんばろう」と思う人もいるかもしれません。一緒にパタパタやれば、扇子は「力を合わせて働こう」というアイコンにもなります。

たかが扇子でも新しさが加われば、毎日が新鮮になります。おろしたてのまっさらなノートを大切に使うがごとく、新鮮な日であればていねいに生きようと思えます。

扇子は物理的なきっかけですが、毎日を新鮮にする一番の方法は好奇心を持つこと。ありふれた今日に潜む、新しさを見つける好奇心——なんともすてきな響きだと思うのは、僕だけではないはずです。

新しさを見つける朝が、はじまります。かけがえのない一日になりますように。

○どんなに小さくても、一日一つ、新しいことをしましょう。
○年齢を重ねるほど、勇気を出して、初めてのことに挑戦しましょう。

第2章

とびきりのランチ

～人や社会とのつきあいに、秩序と喜びを加えましょう～

うれしさのお裾分け

おばあさんがやっている小さな韓国食堂。一人でランチを取るとき、よく立ち寄る店です。『暮しの手帖』編集部の近くはコリアンタウンで韓国料理屋がたくさんあるのですが、そこはとびきりおいしいのです。

特に、韓国式に無料で出してくれる前菜のキムチが気に入りました。あまりにもおいしいので、ある日、大きな密封容器を持ってランチに出かけたのです。

「すごくおいしいキムチだから買って帰りたいんです。お願いできませんか？」

日本語があまり通じないので身振り手振りも交えて伝えると、おばあさんはたいそう喜びました。手作りで自慢の味をほめられたことがうれしかったのでしょう。

「キムチなんてサービス品だから好きなだけ持っていけ」と言い、気前よくたっぷり容器に詰め込んでくれました。キムチのおかげで、おばあさんも僕もうれしくなりました。心が通ったコミュニケーションができて、ちょっとしあわせになりました。

会社に戻った僕は、そのへんにあるジャムの空き瓶や密封容器をかき集めました。編集部で料理の試作もするので八個見つかりましたが、大きさはまちまちです。

僕はせっせと、おばあさんにもらったキムチをわけました。そして、大きな瓶には家族がいる人の名前、小さな容器には一人暮らしの人の名前を書いた付箋を貼り、編集部のみんなに言いました。

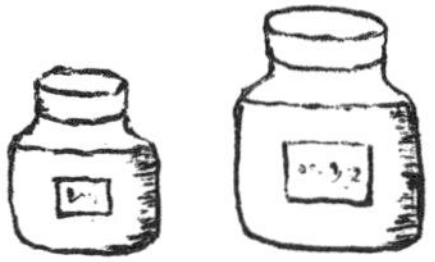

「とってもおいしいキムチをもらってきたから、冷蔵庫に入れておくよ。みんなの名前が書いてあるから、家に持って帰って食べてみて」

さっそく冷蔵庫をあけた編集部員の一人が言いました。

「あれっ、松浦さんのぶんがありませんよ」

僕はいいんだと答えました。だって、みんなにこのおいしいキムチを食べてもらいたかったから、わけてもらってきたのです。おいしさを知ってもらう、共有する、そんな人とのかかわりで生まれる楽しさは、格別な味なのです。

おいしさだけでなく、うれしさもお裾分けできて、すてきなランチとなりました。

○おいしいものは、おいしいと言い合える人がいるともっとおいしくなります。
○お店の人に「ごちそうさま、おいしかった」とあいさつしましょう。

与えるスケール

人生で何をしたかは、どんな仕事をして、どんなものをつくったかでは決まりません。大切なのは、どれだけ人に与えたかということ。

与えるといっても、ものではないと思います。生きていくための知恵、心やすらぐ方法、新しいものの見方、こういったことをたくさん見つけ、たくさんの人にわけ与えることができたら、自分もしあわせになれると思うのです。

四十代という自分の年齢を考えると、人生のちょうど真ん中です。

真ん中まで生きてきた人間には経験があり、それを人に与えることができます。寿命までまだ半分しか過ぎていないのであれば、蓄えてきたものを壊し、ゼロからもっとすてきで新しいものを見つける勇気もあります。

だからまず、僕はかかわる人すべてに、何かしら与えたいと思います。自分一人で引き出しにしまいこむことなく、惜しみなく与えようと決めています。それが僕の年齢の、社会人としての責任だと考えているのです。

いかなる年代でも、いかなる立場でも、与えなければ得られないのは真実です。

「会社は自分が成長するために、何をしてくれるのだろう？」

「国は社会をよくするために、何をしてくれるのだろう？」

こうしてじっと待ち、「ください」と要求ばかりしても、何一つ得られません。まず自分から与えれば、必ず何か返ってきます。

「自分には何も与えられるものなどない」と悩むことはありません。

誰でも何かしら、与えられるものは持っているはずで、まずはそれが何かを見つけましょう。

生きる知恵はわからなくても、人を笑わせ、心和ませることができるなら、それを与えましょう。すべてを素直に懸命にやり、初々しさを与えましょう。

それができるようになったら、目の前の人だけを笑わせるのか、世の中のみんなを笑わせるのか、スケールを考えましょう。与えるスケールを大きくすれば、返ってくるものも大きくなります。もしかすると、それが成長ということかもしれません。

○自分がほしいものは、まず人に与えましょう。

○ささやかでも自分が与えられるものを見つけ、すぐ取り出せるようにしておきましょう。

壊れたときがスタート

ラジオでも鞄でも、自転車でも同じです。この世に存在するもので、壊れないものはありません。

「もうさんざん使ったし、新しいものを買ったほうが安あがり」というのが世の流れかもしれません。捨てることは簡単ですし、誰も文句を言いません。

それでも僕は、壊れたものを修理して使うほうが好きです。ものは壊れるという大前提があるから、そこがスタートだと思います。処分したり新品と交換するのではなく絶対に直そうと決め、手をかけて修繕することで、ようやく自分のものになっていく気がするのです。

人とのつきあいもこれと同じです。ぶつかり合って摩擦がおき、壊れたりひびが入ったときがスタートだと思っています。

なごやかにしているだけのかかわりなど、浅いものです。トラブルが生じ、気持ちをむき出しにして傷つけあい、これまでのつきあいが壊れたとき、初めてその人との関係が始まるのです。

人の気持ちはものより壊れやすくて、何回でも壊れます。そのたびに僕たちは、分かれ道に立つことになります。

いさかいから逃げ出し、この人との関係を捨ててしまおうか。それとも、ひるむことなく正面から向き合い、懸命に丹念に関係を修繕しようとするのか——。

僕はいつも後者を選びます。それはものを直すのと同じく、いや、はるかにタフな試練ではあります。体裁のよい顔をかなぐり捨て、言いにくいことも恥ずかしいことも言葉にし、ときには子どもみたいに泣きながらその人と向き合う。これは生半可《なまはんか》な気持ちではできません。

それでも傷やほころびがていねいに直されたとき、きっと関係は一段と深く、豊かなものになっているはずです。おだやかで満ちたりた気分が味わえるはずです。

豊かさとは目に見えるものではなく、そこに隠された物語だと思います。

たとえば十年も修理を繰り返して履いている靴は、僕にとってただの靴ではありません。最初にかかとが磨り減った旅の思い出、数年後につま先の縫い目がほころびたときの出来事、そのたびていねいに縫い直してくれた職人さんの心、そんなあれやこれやが詰まった宝物です。誰にも話はしないけれど、自分だけの物語が宿れば、どんなに高価な新品よりも価値があるのではないでしょうか。

人とのかかわりも、「あんなこともあったけれど、自分たちは乗り越えてきたな」と思い出せる出来事があればあるほど、豊かになります。

恋人時代から一度も喧嘩をせず連れ添っている夫婦がいたら、なんだかさびしいし、不思議な気がするのは僕だけでしょうか。

ものは経年劣化《けいねんれっか》で磨り減ることもありますが、人とのつきあいの場合、馴れ合いになって摩擦が起きないことのほうが危険です。

壊れることが大前提だと思えば、真正面から相手にぶつかっていくこともできます。

大勢ではなくても、そんな相手が何人かいれば、豊かな人生となるはずです。

○壊れても直すつもりでいれば、言いたいことを呑み込まずにすみます。

○真剣に手をかけてかかわるのであれば、大勢の友だちも、たくさんのものもいらなくなります。

関係を育てる

僕の部屋には、小さなアイビーの鉢植えがあります。

小さな鉢植えですから、暑い日に陽が当たりすぎるとカラカラに乾いてしまいます。壁に寄せればエアコンの風が直撃し、葉が伸びる妨げになるかもしれません。

「どんなところであれば、この植物にとっていちばん居心地がいいのだろう?」と、一生懸命に考えながら置き場所を決めたとき、僕はようやく「この鉢植えを育てているんだ」と胸をはって言えるようになりました。

恋愛でも友情でも信頼でも、人との関係はつくるのではなく、育てるものです。

勇気を出して一歩踏み出したことをきっかけに、壊れては直しを繰り返し、つきあいは深まっていきます。その時、大切なのが育てるという気持ちです。おたがいが成長できる関係にするためには、育てるという愛情が欠かせないのです。

だから僕は、友だちや家族はもちろん、仕事を通して出会う人たちとの関係も、小さな植物と同じように育てたいと思います。

関係を育てるとは、「こうしたほうがいい」とか「そんな馬鹿な考えはやめろ」と口出しするのではなく、その人の立場で考えようと努力することだと思います。相手の顔も見ずに自分が伝えたいことを優先するほど、危険なことはないでしょう。

「相手は今、どういう状況にあり、どんなことをしあわせだと感じるのか？　何をされたら嫌で、何が好きなんだろうか？」――答えを知るための方法は二つ。相手をつぶさに観察することと、気持ちを推《お》し量る想像力を持つこと。

もちろん、植物と違って人は話すことができます。わからないことは訊ね、率直に話し合うことも必要でしょう。しかし言葉は万能のツールではありません。

なぜなら、人は植物と違って聞く耳を持っているのに、僕たちはときどきそれを忘れてしまうのです。知らないうちに相手の言葉に耳を傾けず、自分の言い分だけを押し付ける間違いも犯します。だからこそ相手を観察し、想像力を持ったうえで話し合いましょう。持てる力をすべて使えば、関係をいつくしんでいけるでしょう。

○相手のためと言って、自分の気持ちを押し付けてはいけません。
○もの言わぬ植物の言葉を聞き取る細やかな気持ちで、相手の心を推し量りましょう。

マカロン・コミュニケーション

照れくささをごくりと飲み込んで、一歩だけ前に出る。すると世界は変わります。

一線を越えたコミュニケーションが芽生えた日、人はあたたかく過ごせます。心のなかにふわりとやさしさが生まれ、それが人から人へと伝わっていく。この喜びは、ほんのすこしの勇気で手に入るものなのです。

その日、僕はおいしいパン屋さんで、軽食をとろうとしていました。赤いひさしが目印のお店は、香ばしいフランスパン、甘いデニッシュパン、バターたっぷりのクロワッサンの香りでいっぱいです。

カフェになっている二階席でパンとコーヒーを注文すると、六、七種類ものジャムとハチミツが運ばれてきました。お店の女の子がこう言います。

「ジャムは好きなだけお召しあがりください。ただし、絶対にジャムのスプーンを直接パンにつけないでくださいね」

僕はすこし困りました。衛生面を考慮し、いったんお皿にとってからパンにつけてほしいという理屈はわかるのですが、やってみると難しいのです。

パンに添えられたお皿は一枚だけですが、ラズベリー、ブルーベリー、クランベリーといくつものジャムがあれば、全部試したくなります。イチジクもマーマレイドもリンゴも、れんげのハチミツだって見逃せません。

そうやって一枚のお皿にとっていくと、微妙な味がぐちゃぐちゃに混ざりはじめました。やむなくコーヒーのソーサーまで動員しましたが、うまくいきません。べとべとになったコーヒーソーサーが後ろめたく、せめてテーブルを汚さないよう僕が悪戦苦闘していると、お店の女の子が、ちらりとこちらを見ました。

「ごめんなさい、ジャムがうまく取れなくて。コーヒーのソーサーも、ちょっと使うつもりが汚しちゃって、すみません」

非難されているように感じて謝ると、女の子は言いました。

「あっ、ごめんなさい。私が最初からお皿を多めに持ってくればよかったですね」

そして彼女は何枚かの取り皿を運んできて、「どうぞお気づかいなく、ゆっくり召しあがってください」と言って、にこっとしました。

「ものを知らない客だ」と腹立ち紛《まぎ》れにチェックしているのかと思っていた彼女が、実に感じよく親切にしてくれたことで、僕はほっとしました。

そこにゆとりが生まれたのか、彼女が僕の横に無造作に置いてあった雑誌を見ていることに気づきました。偶然「パン特集」の号です。そこから、彼女はパン好きなのでその店で働いていること、焼きたての香りが大好きだといった会話が生まれました。

そうはいっても、ほんの二言三言。お皿を汚す迷惑な客という役割はまぬがれたものの、これだけでは単なる客と店員だけで終わったかもしれません。

さらに一歩踏み出すと人間関係になる――そう知っていた僕は勇気を出しました。

荷物を席に残したままいったん下の階に降り、会社で食べる自分用のサンドイッチと一緒にマカロンを買って戻ると、彼女にプレゼントしたのです。

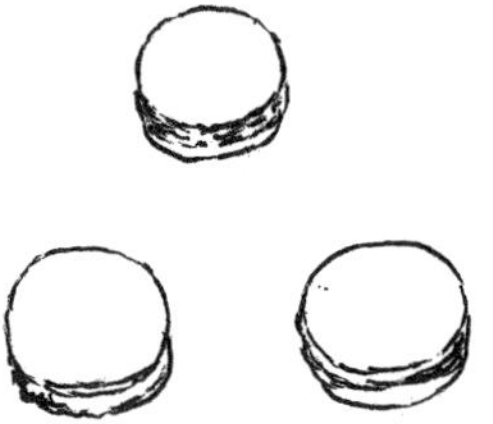

「今日は親切にしてくれて、ありがとう。よかったら食べてください」
べつに下心があるわけでもなんでもありません。なにしろ、プレゼントはたった二〇〇円のマカロン。しかも彼女が働くお店で売っている品です。
ただ、誰かに対して「ありがとう」という気持ちを抱いたとき、感謝の気持ちをきちんと表し、相手にはっきり伝えたい――いつもそう思っているのです。
マカロン・コミュニケーションは、特別な話ではありません。日常生活で、あるいは旅先で、しばしば見知らぬ人に同じことをします。プレゼントでなくても、何か自分の感謝や好意を確実に伝える術《すべ》を探し、勇気を出して実行するのです。

「そんなの、ナンパみたいじゃないか」とからかわれることもあります。ささやかなプレゼントのつもりが、驚かれたり、嫌がられることすらあります。人はみな違うのですから、全員が全員、好意的に受け取ってくれないのは当たり前でしょう。しかし、半分の人には拒絶されても、半分の人には喜んでもらえます。

世界中、いたる場所に「あのときは、ありがとう」と、お互い言い合える人をつくる——なんとも、すてきなことではないでしょうか。

これも今日一日を豊かに過ごすための「冒険」だと、信じているのです。

こんな勇気のふるいかたを、あなたもためしてみませんか?

○「ありがとう」の言葉に、小さな贈り物を添えましょう。
○照れくささやためらいの先の「喜び」を分かち合いましょう。

水を向ける

ことさら勘がよくなくても、ほんの少し気をつけていれば、相手が何か話したがっているかどうかは察しがつくものです。

たとえば会社の後輩に対して、「何か話がありそうだけれど、こちらが今ばたばたしているから、タイミングをはかっているのかな?」と感じることもあるでしょう。

家族や友だちや恋人に対してなら、もっとはっきり「話したがっているサイン」を感じ取るかもしれません。

誰かがあなたと話したがっている気配を感じたら、すぐさま自分から水を向け、話すきっかけをつくってあげましょう。それは「あなたを最優先しています」という気持ちを伝えることでもあります。

こちらは相手から声をかけられるのを待っていて、相手は話すタイミングをうかがっている――こんな無言のやりとりは、気分のいいものではありません。

ましてや何か言いたいことがあると知ったうえで、「今日は疲れているから」と無視するような態度を続けていたら、やがて大爆発を引き起こし、関係がおかしくなりかねないでしょう。

「ないがしろにされている」と感じれば、誰の心だって傷つきます。話したいことがあるのに放っておかれるとは、「あなたは特別じゃないよ」と告げられているようなものなのです。

僕の場合、職場でもプライベートでも、必ず自分から声をかけるようにしています。

「別に何もなければいいんだけど、何か話したいことがあるんじゃない？」

尋問にならないように、やさしく水を向ければ、会話の糸口となります。

また、相手が何かを聞きたがっているという場合もあります。とくにプライベートでは多いでしょう。新しく何か始めようとしている、転職を考えている、あるいはもっと日常的なことでも同じです。あなたの気持ちが変化したとき、家族や恋人、友だちはそれを察しています。具体的に何かはわからないから、「いつ、ちゃんと話してくれるんだろう？」と思っていたりするのです。

しかし、プライベートで信頼している相手だと、僕たちは気持ちを言葉にしないことがよくあります。いちいち話さなくても、わかってもらえると思うのでしょう。

それでも話さなければ、相手は少なからず傷つきます。だから僕はこんなふうに水を向け、相手にヒントをもらうことにしています。

「どうも忘れているみたいなんだけど、何か話さなきゃいけないことがあったよね？」

もしかすると、相手が投げかけた問いを返さないまま保留にしているかもしれません。たとえば、新しい企画の準備をしていたけれど、みんなに説明するのを忘れていた、今度の家族旅行のプランを出すと自分が言ったのにそのままになっていた……。

仮にもっと小さなことでも、放っておかれた相手には大きなことです。

自分から歩み寄るのは、相手に負担をかけないばかりか、自分にとってもいいことです。詰め寄られて話すより自分から話したほうが、はるかに気分はいいでしょう。

○あなたと話したがっている人の存在に気がついたら、さりげなく水を向けてあげましょう。
○無意識に大切な人をないがしろにしていないか、よく考えてみましょう。

いさぎよく謝る

間違うことのない人はいません。失敗しない人もいません。慎重に考え、一生懸命にやっても、ミスが起きることはしょっちゅうあります。

仕事のうえでも、家族とのかかわりや友だちづきあいでも、僕たちはいくつもの過ちをおかします。そのとき大切なのは、間違いを認めること。過ちは過ちとして受け入れ、いさぎよく謝ることです。

悪気があろうとなかろうと、まわりの人に迷惑をかけたことは確かなのですから、まず詫びるのは当然のことです。

「ごめんなさい」と言える素直さがあれば、やり直すこともできるし、きちんとした反省ができるし、再出発も早まります。

いけないのは失敗することではなく、失敗を認めないこと。たいていのミスや

間違いというのは、誰の目からも明らかなものです。それなのに、どうにかして言い繕《つくろ》う方法を探したり、小細工を弄《ろう》して誤魔化したりすると、結局は大きな後悔につながります。

後悔とは、あとになってから取り返しのつかないことを悔やむことだと思います。謝ればいくらでも取り返しがつく小さなミスでも、意地を張って「自分が正しい」と言ってしまえば、被害は大きくなるでしょう。

過ちを認めるとは、聞く耳を持つということでもあります。失敗の原因を自分だけでなくまわりの人からも学べば、正しい判断をする精度があがり、間違いをおかしにくくなります。

さらに失敗の背景をきちんと分析する素直さがあれば、その過ちからたくさんのことを学べると思います。

○間違えた、と思ったら、素直になって、すぐに謝りましょう。
○間違いを認め、過ちを正すことから人は成長するのです。

凛とした誠実

一瞬で終わる関係なら、あえて素通りする。これは人と関わる際の僕のルールです。

たとえば僕のもとには、いろいろな人がたずねてきます。

「イラストを描いているんですが、アドバイスをください」

「駆け出しのカメラマンですが、私の作品についてご意見をうかがいたい」

僕の答えはいつも決まっています。

「アドバイスはしないし、意見も言えません。作品を見て、あなたという人がいると知ることしかできませんよ」

なんと冷たい対応だろうと思うかもしれませんが、これが僕なりの誠実さです。

仕事についてでも、恋愛や人間関係の問題についてでも、人に相談されたことに対してアドバイスをするときには、その人の面倒を一生みる覚悟がいると思います。

もし僕が「あなたの作品は、こんな工夫をしたらいいんじゃないですか？」などとアドバイスをしたら、たとえ軽い気持ちだろうと、一生その人とつきあわなければなりません。その人が「松浦さんに言われたように工夫してみましたが、どうでしょう？」とたずねてきたら、仕事を調整してでも、きちんと向き合う義務が生じます。

その義務は一生続くものであり、途中で投げ出しては卑怯な振る舞いになります。だったら最初から一線を越えないほうが、おたがいのためだと思うのです。

家族、友だち、一緒に働いている人たちにアドバイスするときは、相応の覚悟と情熱をもって向き合います。真剣にアドバイスしたいからこそ、僕にはあらゆる人に対して同じように向き合えるほどのキャパシティがないのです。

軽い気持ちでアドバイスするのは、誠実でないやさしさです。背骨がない、くにゃくにゃのやさしさは、口当たりはよくても長持ちしないのが普通でしょう。

恋愛や仕事の相談でも、自分のキャパシティや相手との関係を考えたうえでアドバイスをしないと、本当に大事な人に注ぐ情熱までなくなってしまいます。

○誰にでもいつもやさしくするのは、逆にやさしくないということもあります。
○自分なりの一線を画するルールを決めておくと、人づきあいがすっきりします。

生かしどころがある約束

約束とは、あいまいさがないものです。

真剣であるほど、「絶対に守ってほしい」という思いで約束をかわします。そんな強いものであるからこそ、どこかに相手の逃げ場を残した約束にしましょう。

その約束がどれだけ大切でも、言うことを聞かせるような物言いをしてはいけません。相手が友だちや仕事の仲間、大切な人ならなおさらです。

相手が約束を守り、自分の思い通りになったとしても、それで追い詰めてしまったら何のための約束かわからなくなります。

約束するときは、おたがいが納得する妥協点を見つけておく。そのためにまずは、約束に相手の逃げ場がふくまれているかどうかイメージしてみましょう。

さて、個人でするとと約束ですが、仕事であれば契約になります。そのとき必要なのは「生かしどころ」です。

契約はお金が絡《から》み、約束よりもっと厳しいものとなります。たとえば同じような会社のうち、どこと契約するかとなると、「いちばん値段が安くて、納期についても無理を聞いてくれるところ」という基準で選ぶ人がいます。

自分側の都合だけで考えれば妥当な判断かもしれませんが、そんな契約では、相手は無理をしているかもしれません。しわ寄せを全部押し付けるような契約を強制したのでは、長続きする取引はできません。我慢したあげく、相手が潰れてしまう危険もあります。

フェアでない契約から、パートナーシップなど生まれません。逆にこちらが困ったときは、あっさりと契約を打ち切られることでしょう。

こちらが納得でき、かつ相手にもメリットや「生かしどころ」がある契約をすれば、信頼関係が生まれます。トラブルが生じたとき、ノーと言わずに手を差し伸べてくれる相手をたくさんつくれば、会社がしっかりします。今は自分たちが強い立場であっても、それがいつ逆転するのかわからない時代にはとくにそうです。

僕は、仕事で関わる人すべてと、家族のような関係になるのが理想だと思っています。だから取引先に要求をするときには、こんな自問をしています。

「この人が自分の妹でも、僕はこんな無理な取引条件を押し付けるだろうか？」

答えがノーなら、その条件は間違っているということです。

会社対会社に限らず、上司と部下、先輩と後輩、プライベートのサークルで何かの役員を一緒にやる場合でも、相手だけに負担を強いてはいけません。

人と人との関係は、シーソーのごとく、いつも角度を変えていきます。自分が言われたら困るようなことを、相手に強いてはいけない——ごくあたりまえですが、しばしば忘れてしまうルールです。

逃げ場と生かしどころというクッションは、相手を救うだけでなく、結局はまわりまわって、あなた自身も助けてくれます。

○フェアとは、気持ちよく何かを判断するための基準になります。

○相手を追い詰めてイエスと言わせても、そこに愛情はありません。

嘘のしっぽ

「あっ、これって嘘だな」

はったりや見栄、前に言っていたこととつじつまが合わない話、小さなごまかし。いくら巧妙に隠していても、嘘のしっぽがちょろりと見えてしまうことは、案外よくあるのです。そんなとき僕は、あっさりだまされます。

友だちでも仕事関係でも、多少の嘘はあって当然だと思っているので、嘘と承知で受け入れてしまいます。「嘘じゃないの？」と問いただすことは絶対にないし、嘘をついた人に対して失望したり、嫌いになったりすることもありません。

僕は人格者ではありませんが、嘘をつく人には嘘をつかなくてはいけない理由があるのだろうと想像することはできます。やむを得ずにごまかし、取り繕いたい状況だってあるでしょう。

その人とつき合うとは、その人を一〇〇パーセント受け入れること。だったらその人の嘘も、嘘をつかなくてはいけない理由も、まるごと引き受けようと思うのです。

仕事仲間でも友だちでも、相手を受け入れているという木の幹がしっかりしていれば、嘘というのは多少の枝葉、ちょろりと見えたしっぽに過ぎません。

たとえば部下の説明を聞いていて、嘘だと感じたとします。そこで「絶対に違うだろう。俺の目は節穴じゃないんだ」と叱りつけたら、肝心の仕事が滞《とどこお》ってしまいます。

それよりは嘘ごと受け入れてしまい、そこから先にどう進んでいくか、本質に取り組む方法を考えたほうが、よほどいいと僕は思うのです。

家族や恋人でも、最初から疑ってかかったり、嘘を暴いて相手を責めたところで、関係は深まらず、誰も前には進めません。プライベートならとくに、相手の存在自体が大切なものなので、嘘は受け入れたほうが自分も楽です。許すというより、さらっと受け流し、忘れてしまうというのに近いでしょう。「だまされてあげる」とまでは言いませんが、相手の事情を思いやり、気にせずにいる愛情もある気がします。

○嘘を暴くことと、相手を活かすことと、どちらが大切かを考えてみましょう。
○嘘の背景を想像するやさしさが身につけば、そこから思いやりも生まれます。

たかだか百歩

「百歩譲って……」という言葉がありますが、たかだか百歩なら、いつでも譲ります。地球の果てまで歩くのではあるまいし、百歩はすぐそこまでの距離です。

以前、この話をエッセイに書いたら笑われましたが、今も同じ気持ちでいます。もちろん僕にも、なかなか譲れなかった頃がありました。

人は負けん気が強い生き物なので、ちょっとでも違う考えに触れたとたん、否定したり、言い負かそうとしたりします。殴り合いにはならないけれど、言葉の戦いを繰り広げてしまうのです。

ああ言えばこう言うをえんえんと繰り返し、結論は出ないまま、おたがいがへとへとに疲れておしまい――こんなやりとりは、あまりに馬鹿げています。

そこで僕は心の根底に、戦わないというルールを設けました。その結果、百歩くらい楽に譲れるようになったのですから、あながち悪いことではないでしょう。

戦わないために大切なのは、人の話をよく聞くこと。相手に先にしゃべらせ、「もうこれ以上、話すことがありません」と言われてもさらにしゃべらせ、その間はずっと真剣に聞くのです。

そのうち「ふうん、自分の意見とは違うけれど、それもありかなあ……」などと思えてきたりします。たとえそう思えなくても、相手がどういう根拠でその意見を述べているかが、立体的に理解できます。

戦わないルールをつくって以来、人と意見が対立したときでも、「それは違うでしょう」と否定することはなくなりました。もちろん百歩は即座に譲れます。

だからといって、自分を殺したり、考えを曲げているわけではありません。相手の意見をまず聞き、「お先にどうぞ」と譲ってから、自分に合ったペースで、のんびり自分の道を歩くこともできるのです。

○一箇所に固執しなくても、自己主張をする場所はたくさんあります。
○人と戦わないからこそ人に負けないというのは真実です。

噂話に深呼吸

『暮しの手帖』の編集長になりたての頃、毎日のように届く手紙がありました。

「私の好きな『暮しの手帖』ではなくなってしまった」

「どうか昔のままの『暮しの手帖』を返してください」

雑誌をリニューアルしたことへの抗議の手紙が、日に何通も届いたのです。すばらしい達筆でしたためられていると多少せつなくはなりますが、編集長という僕の仕事は、その声にどう向き合っていくかだと受け止めていました。

組織に属することなく、ずっと一人で仕事をしてきた僕にとって、ネガティブな意見や批判、噂や陰口はおなじみのものです。

仲良くしている人が、陰では「松浦なんてだめだ」と言っているくらい、慣れっこだし平気です。仮に、カウブックスがある中目黒界隈《かいわい》の半径一キロ以内に「松浦弥太郎が好きだ」という人が一〇〇人いたとしたら、「松浦弥太郎なんて大嫌いだ」という人も一〇〇人いるでしょう。

自分が矢面《やおもて》にたって何かするなら、賛否両論あって当然です。むしろ向かい風が強いほど、前に進んでいるように思えます。

いちばんさびしいのは、いいも悪いも、どんな声も聞こえてこない無反応、無関心。その意味で、『暮しの手帖』に来る正面きっての抗議など、うれしい便りとすら言えます。実際、就任して二年たつ今でも、抗議の手紙に返事を書くのが僕の仕事であり、勉強でもあるのです。

ノーを言われたということは、関心は持ってもらえているのですから、そこからがスタート。仕事に限らずプライベートでも、それくらいの気持ちでいます。

もし、あなたが陰口や噂話が気になってたまらないなら、こう考えてみましょう。

第一に、人はあなたが気にするほど、あなたに注目してはいないし、二十四時間あなたのことを考えてもいません。「今頃、自分の陰口を言っているだろう」と思う相手は、あなたのことなどころりと忘れて、デートでもしているかもしれ

ません。
第二に、ネガティブな声は自然に耳に入ってきても、ポジティブな声はひそやかで聞き取りにくいものです。あなたの仕事なり、性格について批判や悪口を言っている人が一〇人いたとしたら、その陰にあなたの仕事を評価し、感じのいい人だと思ってくれる人が一〇人います。ただ、彼らはそれを黙っているので、あなたが気づかないだけなのです。
それでも、心が波立ってしかたがないというあなたに、とっておきの秘密をお教えしましょう。それは深呼吸すること。
実にシンプルですが、霊験あらたかな効き目があります。深呼吸をすると不思議と心が落ち着き、冷静になれます。

人の目がどうしても気になってしまうとき、呼吸は浅くなっているはずです。よく考えれば、まあいいやと思えることに感情的になり、過剰反応してしまうときは深呼吸してみましょう。

深呼吸は噂話や陰口を忘れさせてくれるばかりでなく、大切な話をするときや、ちょっと一息つきたいときにも役に立ちます。人の目を気にするよりも、深呼吸の回数が多い一日のほうが、ゆったり過ごせることは確かです。

○心がざわつくなと思ったら、姿勢を正して大きく深呼吸してみましょう。
○良い気を取り入れ、悪い気をはき出す。深呼吸は最も簡単な気分転換の方法です。

一人という贅沢

僕は基本的に午前中で仕事を終えようと努力します。実務や打ち合わせは朝からどんどん済ませ、ランチはなるべく会社の人と一緒にとりますが、その後、家に帰るまでの時間は毎日、原則として一人で過ごします。一人で会社の仕事をしているのです。

取材や撮影が入ることもあるため完璧には無理ですが、それでもできる限り一人の時間を確保しています。一人になるとは、すべてを放り出して引きこもるのではなく、自分に立ち返ること。

どんな人も、何かしらの役割のなかで生きています。会社のなかの自分、家庭のなかの自分、親である自分、子である自分。僕も編集長であり古書店の経営者であり父親でもあるのですが、誰のためにあるのでもない、素の自分に戻りたいときもあります。

裸んぼうの、なんでもない自分になれるひとときがあれば、そこで自分を取り戻し、一息つけます。そこから真剣に人とかかわり、精一杯、コミュニケーションに心を砕く力が生まれると思うのです。一人の時間がなくては編集長にも父親にも、何者にもなれない、僕はそんなふうに感じています。

社会とかかわっていくとは、日々さまざまな出来事にさらされ、絶えず影響を受け続けるということです。変化と成長を求めているとはいえ、自分らしくないほうに流されて違和感を覚えたりします。そんなとき、一人になって自分を取り戻せば、流されるのではなく自分のフォームで泳いでいけるし、よい変化ができると思うのです。

自分が一人になるためには、相手にも一人の時間をあげることが大切です。一人の時間を確保するには、まわりの協力が欠かせません。

自分の部下には、「どうしても来たくないときは会社に来なくていい」と、大きな声では言えませんが、小さな声で伝えています。自分で仕事を管理できれば、取引先に立ち寄るといって午後から出社してもいいし、それらしい理由をつけて電話をすれば、休んでもかまわないと。これは、人は生身の人間であって、けっして機械の歯車ではないと思うからです。

僕の妻も、夕食後は本を読んだりテレビを見たり、完璧に一人で過ごしています。月に二日は、ふらりと旅に出たりします。彼女にとって一人の時間が大切なことがよくわかるから、私はいっさい立ち入りませんし、娘の世話などのフォローもします。

僕が一人になれる時間をつくってくれているのは、会社の人たちであり家族です。彼らの協力なしでは、決して一人にはなれません。

おたがいがおたがいの一人の時間を認め、一人での生産性を理解し、一緒の時間はしっかりとコミュニケーションをとる間柄。理解者であり協力者である関係。大切な人たちとは、こんなつきあいをしたいと思うのです。

僕は一週間くらい旅に出て、誰とも連絡を取らず、すべてを遮断することがあります。それは僕がわがままだからではなく、まわりのみんながそれを理解し、受け入れてくれるからできることなのです。

結婚していようと、どこかに所属していようと、一人の時間を忘れてしまえば、何かにすがることになります。依存して生きていけば、自分をなくしてしまいます。

ちょっとしたことでもいいのです。一人の時間をつくりましょう。その際には、相手に対して「一人になっていいよ」と明言することも大切です。

○一人の時間があってこそ、人との時間が深く味わえます。
○喫茶店でも公園でも、自分だけの一人になれる場所を見つけておくといいでしょう。

第3章
しなやかな人生のためのアロマ
～生きていく知恵と楽しみを知りましょう～

香りの効用

僕の「記憶のキーワード」は香りです。

香りと出来事が結びついているのでしょう。ふとしたとき香りが何かを思い出すきっかけになったりします。

匂いに敏感なたちなので、気分を整えるためにも香りを使っています。自分のバランスをとる道具が香りというわけです。

アロマオイルは暮らしの必需品。いちばん好きなのは、きりっとしたローズマリー、同じ系統のユーカリも気に入っています。ちょっと疲れたときはペパーミントやスペアミントなどミント系のものを用います。女性なら、ラベンダーやローズ、ネロリなど、甘く華やかな香りを楽しむのもいいでしょう。

アロマテラピーとはフランス語で「芳香療法《ほうこう》」。用途は多様で、アロマオイルとして焚《た》く、肌のメインテナンス、防虫、さまざまな効能があります。僕はディフューザーを使って部屋にくゆらせるだけでなく、飛行機のなかではアロマオイルを数滴垂らしたマスクをかけ、リラックスと乾燥対策、風邪などの予防にもしています。

香りは、暮らしのあらゆるシーンに存在します。

花屋さんに足を踏み入れ、馥郁《ふくいく》たる香りにつつまれたとたん、気分がたちまち和らぐということがあるでしょう。部屋に小さな花を飾るだけでも、居心地よい場所になります。秋の木の葉の香り、たきたてのごはんの香り、雨上がりの道の香り。暮らしに漂うさまざまな香りは、人を豊かにしてくれるでしょう。

いくら栄養価が高くても、まったく香りがない食べ物は、おいしく感じられません。ハーブティーでもコーヒーでも、アロマなしでは別のものになってしまいます。

人生でも、香りとなるものを、おろそかにしてはなりません。

生きる目的、仕事や夢、愛し、信じ、かかわる相手といったものが人生の味や栄養であるならば、趣味や学びなどは、暮らしの香り＝アロマではないでしょうか。

大切なものは、目に見えないと星の王子さまは言いましたが、香りもまた、目に見えない宝物だと思います。

○あなたの人生の香りとは何か＝アロマとなるものについて考えてみましょう。
○それは、目には見えなくても、人生を豊かにする宝物です。

わからない箱

わからないことを、わからないと言う。

これは間違いなく、生きるための最良の知恵です。

知ったかぶりをせず、あいまいにごまかさず、何かわからないことがあったら「わかりません」と正直に言う。

「わからない」と言うことで、学ぶチャンスが得られます。

「教えてください」と人に請《こ》うことは、決して恥ずかしいことではありません。

たとえすべては教えてもらえず、知識の断片しか得られなかったにせよ、その小さなかけらを手に入れれば、それをきっかけに自分の力で学んでいくこともできます。

わからないことを表明すると同時に、ほうっておかないことも大切です。

僕は『暮しの手帖』編集部の自分の机の引き出しに、箱を一つ置いています。

使い方は、ごく簡単。

本や新聞を読んでいるとき、また、人と話しているとき、わからないことというのは一日にいくつも出てきます。

その場でたずねて解決するものは相手に聞いてしまいますが、仕事では、そうもいかないケースもあります。

「ごめん、ちょっとわからないから、簡単に教えて」と言えるときもありますが、大勢での会議のときは難しいでしょう。みんなの仕事の流れを止めることになるので、控えたほうがいい場面です。また、自分で調べればすむことで、いちいち煩《わずら》わせては相手の迷惑になる場合もあります。

そんなとき、僕はわからないことを紙に書き、ピリッとちぎって机のなかに置いた箱に入れます。

読み方がわからない漢字も、新聞を読んでいて、「みなし弁済ってなんだろう?」という疑問が湧いたときも、その言葉をメモした紙を箱に入れます。

一カ月に一度くらい、仕事が一段落したときなどに、おもむろに箱を開けます。

一日一枚でも三〇枚たまることになりますから、けっこうな嵩《かさ》です。

パンドラの箱ならぬ「わからない箱」は、自分が何を知らないのか、苦手なジャンルを教えてくれます。

たとえば僕の場合、「ああ、ずいぶんたくさん経済の用語が入っているな。この分野が弱いんだな」と自覚することができます。

当然ながらスタートはここからで、インターネットで調べたり、本を読んだりします。「なんだ、みなし弁済って意外と簡単なことなんだ」と単純に腑に落ちることもあれば、さらなる疑問が生まれ、もっと学びたくなることもあります。

本当の意味での独学のはじまりであり、楽しくてわくわくします。

そのうちに、「五十歳になったら大学へ行こう。経済のことを体系立てて学びたいから、経済学部がいいかもしれない」などと、世界が広がっていくのです。子どもの宿題ではないので、箱の中身をすべて解決する必要はないし、箱を開けるのは一年に一度でもかまいません。

いずれにしろ、わからない箱には、新しい自分のタネがつまっているのです。

○適当な紙に無造作に走り書きし、ぽんぽん入れていきましょう。
○わからない箱とは、自分を理解するための道具です。

木が香る地図

最寄りの駅から自分の家までを、あなたはどう道案内するでしょう?

「改札を出て目の前の銀行を左、直進して三つめの信号を右折し、一階にコンビニエンスストアがあるビルの隣の、茶色いマンションです」

たいていの人はこんな具合に言うはずです。たしかにわかりやすい説明ですが、豊かではない気がします。


そこで木や花を使って心に地図をつくりましょう。

見慣れた風景をとっくり観察し、街路樹、知らない家のベランダの花といった、ごくささやかな自然をていねいにすくいあげ、木が香る地図をつくるのです。

「桜並木をしばらくまっすぐ行くと、小さい花壇がありますから、そこを右へ」

「大きな菩提樹《ぼだいじゅ》の木が目印です」

こんな具合の道案内ができたら、すてきだと思います。

いつもの道だから、多くの人はあたりを見回すこともなく、無意識に歩いていることでしょう。しかし「自然を見つけよう」と決め、こまやかに関心をはらえば、目印の木はきっと見えてきます。

アスファルトの道に取り囲まれているといっても、その下には土があります。いくら外見が変わっていても、自然の上に立っているのです。

だから僕は、自分が住んでいるところにはどういう土があり、どういう植物が生えているかを知りたいと思います。自然とできるだけ仲良くする工夫をしています。

自然を見つけて、木が香るような地図をつくれば、豊かな人生にすこし、近づけるはずです。

ちょっと時間がある昼下がり、新しい地図をつくるために散歩をしましょう。

○花を絶やさない素敵な家を見つけたら、ひそかにお手本にしましょう。
○お気に入りの木を決めると、平凡な並木道も特別な場所になります。

小さな歴史

歴史を学ぶことは、僕にとっての大きな楽しみです。

年号を暗記するだけの歴史ではありません。たとえば、マケドニア王国のアレキサンダー大王がつくった幻の大図書館といった壮大な歴史を辿《たど》ったり、小堀遠州が、波瀾万丈な徳川幕府の時代にどう生き抜いたかなどを調べたりするのは極上の喜びです。

生きていくうちには、わからないこと、試練、悩みがつきものですが、歴史はそのたびに味方になってくれます。ものごとは輪のように繰り返されるので、先人から学ぶことはたくさんあるということです。

「あれ、この時代ってすごく今の状況と似ているな。この頃の人たちは、どうやって乗り越えたんだろう？　そのとき、何を考えていたんだろう？」

不思議なもので歴史を辿っていくと、こんなふうに気づかされることが、思い

のほか多いのです。

一方、もっとささやかで身近な歴史も、同じように楽しむことができます。たとえば、カウブックスがある中目黒の歴史。

この街の象徴、桜並木にはさまれた目黒川は、都会のなかにあって、緑濃く穏やかなせせらぎです。しかしこれはごく最近のことで、江戸時代には護岸《ごがん》工事もなされておらず、しばしば氾濫して水害が出たそうです。一九八〇年代にも、大規模な護岸工事が行われました。その結果、今のような静かなたたずまいの川になったのです。

中目黒は再開発でしゃれたお店が増え、大きなスーパーマーケットもできました。が、かつて駅の向こうには小高い山があり、牧場があったといいます。

さらに歴史を遡れば、目黒川と並行して走る山手通りも、その突き当たりにある青山通りまでが、その昔は海でした。そのため発掘された化石のなかには、クジラの骨まであるそうです。

かつて海だった場所が川になり、牧場だった場所がマンションになる、そんなことに思いを馳《は》せるのは面白いものです。ささやかな探究にもなりますし、自分がこの場所にいるというつながりや所属感も味わえます。

少々大げさですが、「うちのマンションには、昔クジラが住んでいてさ」などと、誰かに話すのも楽しいのではないでしょうか。

壮大な歴史を調べるのはライフワーク級の楽しみなので、膨大な本を読んだり、いささか苦労するのが喜びでもあります。

しかし街の歴史であれば、もっと手軽に調べることができます。図書館にいけば郷土史の本はたくさん揃っていますし、区役所や市役所でも資料が見つかるでしょう。

ささやかだけれど連綿と続く歴史。その小さなパーツである自分を、掘り起こしてみませんか。

○自分の住む街の歴史を調べてみる。ちょっと昔と、うんと昔を較べてみましょう。
○歴史から見つけた先人の知恵を、悩んだときのヒントにしましょう。

軽やかな手紙

カウブックスにほど近い代官山で、知り合いにばったり会いました。

僕には用があり、彼にも用があり、おたがい急いでいたので「ああ！」と声を掛け合っただけ。ろくに言葉も交わさず、すれ違いました。

二人とも話をしたい雰囲気だったし、少なくとも僕は、元気かどうかくらい尋ねたかったのです。そこで葉書を書きました。

「急いでいて、話ができなくてごめん。お会いできて、うれしかった」

電話やメールでもいいのでしょうが、自分で書いた文字のほうが、気持ちが伝わる気がします。

「そんなちょっとしたことに、わざわざ手紙を書くなんて」などと思う人もいるかもしれませんが、僕は家族や友だちにも、しばしば短い手紙を書きます。

かしこまって、きれいに書こうとするから、手紙は面倒になってしまいます。

思いついたことを一行だけ書く。そんな軽やかな手紙を、できるだけたくさん出したいと思うのです。

私が好きなのは、『暮しの手帖』でも紹介した野口英世博士のお母さんの手紙。ほとんど字が書けなかった野口シカさんは、人に習って筆をとったのです。医学研究のためにアメリカに渡った息子に、帰ってきてほしい一心からでした。

はやくきてくたされ。
はやくきてくたされ。
いしよ※のたのみて。ありまする。
にしさむいてわ。おかみ。
ひかしさむいてわおかみ。しております。
きたさむいてわおかみおります。
みなみたむいてわおかんておりまする。

※「一生」（編集部・註）

たどたどしい文字で、間違いや書きそこないがあっても、シカさんの気持ちは、胸に迫るほど伝わってきます。とつとつと綴られた言葉に、墨の濃淡に、心がにじみ出ています。手紙の本質とは、本来そういうものではないでしょうか。

僕自身、文章を書くことを生業としているのに、手紙の文章は原稿のようには書けません。季節のあいさつもぎくしゃくしているし、名文でもないし、オチもない。ときに支離滅裂で、メモみたいに無造作な文字だったりもします。

それでも手紙を書くのは、気持ちが伝わると信じているからだし、自分が手紙をもらうことが大好きだから。一年ごとにわけて箱にしまった手紙は、僕の宝物です。

誰かの誕生日、ふと思いついたとき、ご無沙汰のとき、あいさつのかわりに。

自分が毎日、手紙を書けば、二日おきぐらいに、誰かしらから手紙が来ます。まず自分が旅先から手紙を書けば、世界のどこからか、旅先の誰かから手紙が届きます。

仕事の場合も、直接会うのは別として、メールより電話、電話より手紙が、僕のコミュニケーションの基本になっています。

ひらひら、軽やかに、手紙がゆきかう。そんな世界はすてきです。

○美術館の売店で気に入った絵のポストカードを買って、手帳にはさんでおきましょう。
○旅先の郵便局でその土地ならではの記念切手を見つけたら、もう葉書が出せます。

読書という旅

ほんの五分ばかり、旅に出る。そんな感覚で本を読んできました。

もしかすると旅と読書は、同じものかもしれません。

「自分のなかに、余白がなくなってきた」と思ったとき、僕は旅に出ます。それと似た感覚で、ちょっと気分を変えたいとき、本を読みます。

旅の途中も、読書中も、日常から離れて孤独に浸《ひた》り、つかのまとはいえ、まったくの一人になることができます。

実際の旅には準備も着替えもいりますが、読書は実に身軽な旅です。ページをめくるだけで旅先に足を踏み入れることができますし、飛行機に乗らなくても、数分で日常生活に帰ってこられます。

古書店を経営し、文章を書いたり編集をしたりしているので、「さぞかし本に詳しく、膨大な読書量なんでしょうね」と言われることがありますが、それは誤解です。

僕よりはるかにたくさん本を読んでいる人は大勢いて、そういった人は僕など到底及ばない、たくさんの知識を蓄えていることでしょう。

僕ときたら、読んだあと、あらすじを忘れてしまうこともしばしばです。読み終わったあとの記憶や、書かれていた内容はどうでもよく、読書の楽しみは「読んでいる時間そのもの」にあると感じているから。

「知識を得るために本をひらくのは、読書ではなく勉強だ」というのが、僕なりの認識です。

だからもっと気楽に、いろいろな本を読んだらどうでしょう。

「一日一冊読もう」とか、「全何巻を読破しよう!」と意気込むのではなく、本とのつきあいは、もっと自由に楽しめる気がします。

みなさんもぜひ、小さな旅を。

○お気に入りの本を、何回も繰り返し読みましょう。そのたび新しい発見があります。

○本を一人の人間として考えてみましょう。新しい読み方が見つかります。

本物だけのメモ

本物に触れることは、本質を見極めるトレーニングになります。

旅に出ましょう。美術館に出かけましょう。誰かに会いに行きましょう。

何かを直接見るために、家を出ましょう。時間をかけて、足を運びましょう。

「実際に実物を見る」という意識をもち続けるのは、たいそう大事なことです。

なるほど、遠い国の砂漠の果てだろうと、世界の名画だろうと、テレビで目にすることができます。今やインターネットさえ利用すれば、なんでも検索できます。


メディアの発達で本物に触れなくても情報は手に入るようになりましたが、それはあくまでも概略。だいたいの姿であり、儚《はかな》いサムネイルです。「忙しいから、だいたいわかればいい」というインスタントな発想は、貧しくて寂しいものです。

僕はインターネットを否定しません。新しいメディアだと興味を持っているし、自分でも何かをつくってみたいと思っているし、必要な道具として利用しています。

しかし同時に、インターネットはあくまで選択肢の一つであり、基本にはならないと肝に銘じるようにしています。あまりに便利ですぐれているから、すこしでも油断すると「あらゆる情報源がインターネット」となるでしょう。いつのまにか依存するはめになるのではと思うと、たまらなくおそろしいのです。

本物に触れず、外からの学びをインスタントなものだけに頼っていたら、そもそも自分の持っていた感覚が、少しずつダメになっていく気すらします。

また、情報を保存する際は、インターネットであればマウスをかちかち動かして画面をコピーすればすみますが、それもちょっと怖いふるまいです。

だから僕の鞄には、いつだってメモと鉛筆。本物を見たとき、本物の言葉に出会ったとき、いつでもメモを取れる状態にしておきたいのです。大事なことだから忘れないというのは嘘で、直感やひらめきは書き留めなければこぼれ落ちていきます。

本物を見て、自分の手で記した「本物だけのメモ」が増えれば、どんなサイトよりも心強い、あなたの情報源となるはずです。

○インターネット上の情報には間違いも多いと知っておきましょう。
○バッグのなかにいつもお気に入りのメモとペンを入れておきましょう。

静かなしぐさ

テーブルにコップを置く。ドアを閉める。エレベータのボタンを押す。こんなありふれた動作が、美しくも醜くもなります。

たとえば、がちゃりと受話器を置くのではなく、相手が切ったのを確かめ、ゆっくり静かに置く。このような静かなしぐさは、美しさを生み出します。

電話の場合だとマナーとして身につけている人が多いかもしれませんが、あらゆる場面に、同様の静かなしぐさをとりいれてみましょう。

コップをがちゃん！　と置かれたら、誰でもいやな気持ちがします。静かにゆっくりと置けば、おもてなしになります。

僕はときどき、駅で観察をします。研究テーマは、人は自動改札を通過するとき、ＩＣカード乗車券をどのように扱うか。

力いっぱい叩きつけるようにパーン！　とやる人もいれば、かるくタッチするだけの人もいます。高性能なシステムなので、どちらでも事足りるのですが、しぐさとは人それぞれであり、その人をあらわすものだな、と感心します。

びっくりするような音を立てて改札に定期入れを叩きつけた人が、電車に乗り込んだとたん、どさっと空いたシートに腰を下ろし、隣に座っていた人が振動にびっくりしてちらりと見る――こんな光景も珍しくはありません。おしとやかそうな女性なのに、がさつなしぐさだったりすると、見ていて悲しくなります。

マナーとは、世の中に対しての礼儀作法です。別に慇懃無礼《いんぎんぶれい》にしろというわけではありませんが、心のなかで隣の人に「ちょっと失礼」と手刀を切るくらいの気持ちで、静かにシートに座る。このほうが、男性でも女性でも、はるかに美しいものです。

マナーやルールは人から与えられるものではなく、自分でつくるもの。たとえ電車のなかでガムを噛むことが禁じられていなくても、「人前でくちゃくちゃやるなんて、大人として失礼だ」と控えるのが、自分を律するということです。

しぐさはまたマナーの問題を超え、その人の心模様を映し出します。無意識にがさつにふるまうときは、誰でも疲れていたり、心が荒れていたりするものです。

ところで、どんなしぐさをしているかを観察する対象は、世の中の人ばかりではありません。僕はむしろ、自分自身をよく観察します。

仕事や考えごとに押しつぶされそうな夜、マンションのエレベータのボタンを叩くように押す自分がいたら、「いけない、いけない」とつぶやきます。

静かなしぐさをしているかどうかを、自己チェックのものさしにしましょう。荒れているようであれば、自分で自分をやさしく引き戻してあげましょう。

一人のときも、人目にさらされているときと同じ、気品ある静かなしぐさを保ちつづける。これがいちばん難しくて、いちばん美しいことだと思います。

一人ひとりが静かなしぐさを身につければ、公共ルールなんて、いらなくなるかもしれません。

○パソコンを打つとき、ドアの開け閉め、部屋のなかを歩くときも、ひそやかに。
○静けさと優雅は、たしなみとしてつながっています。

腕を組まない

おそろしくささやかなことで、人の印象は変わります。日々に溶け込んだ小さな所作を見つめなおせば、また違う世界がひらけるのです。

最近発見したのは、「腕を組まない」ということ。腕を組むというのは、自分の精神の表れです。心をブロックしている状態だと思います。

目の前の相手に、あるいは自分のまわりの世界に対して心を閉ざす。そんな所作を毎日続けていて、「いいことなんて、あるわけない」とすら思います。

腕組みと同様、足を組むのも、やめたほうがいいでしょう。傲慢でえらそう、相手に対して、ずいぶん失礼です。

誰かと一緒にいるとき、腕を組み、足を組んでいるのはあり得ないふるまいです。大事な話をしようというとき、こんなポーズの人がいたら、いくらていねいな言葉づかいでも、話し合い以前の問題だと思います。

足を組むというのは格好つけているジェスチャーですが、気取るとは、正直でない心のあり方です。第一、足を組むと骨盤がゆがむ原因にもなります。

「でも、一人でいるときは腕を組んでも足を組んでも勝手じゃない？」という人がいるかもしれませんが、そういうわけにはいきません。

なぜなら誰もいないときの態度が、自分自身の根っこだからです。一人のときに不遜な態度でいると、存在そのものが不遜になってしまいます。

僕自身、以前は何の気なしに腕を組み、足を組んでいました。ところがあるとき、そのおそろしさに気づき、念入りに注意を払ってやめたのです。

むずむずして落ち着かなかったのは最初のうちだけ。

しばらく我慢していると、やがて無意識の腕組みは僕から抜け落ち、足を組もうと思っても組めないくらいになりました。

○子どもがいる人は、作法の一つとして腕組み、足組みをやめるように教えましょう。
○腕を組まずに話を聞けば、相手の言うことがまっすぐ心に入ってきます。

手足をいつくしむ

「手のきたない人は、信用できない」

こう言うとずいぶん乱暴に響くかもしれません。それでも、きたない手のままで平気でいるというのは、すごく粗野ではないかと、しばしば思うのです。

手は体のなかで、人とのやり取りを担う部分。「さわる」という行為をとりおこなうのです。食べ物、お客さまに渡す品物、ほかの人の手や頬にふれる手が、きれいなほうがいいのは当然でしょう。

実際にさわる、さわらないかの問題ではありません。もし、誰かにちらりとでも、「この手にさわられたくないなあ」と感じられたら、僕は自分で自分がいやになってしまいます。言葉を持たない動物や本や果物も、「この手にふれられたくない」というメッセージを発する気すらします。

相手の立場になって考え、想像すれば、人の目につく手をどれほどきちんと手入れすべきか、わかっていただけるのではないでしょうか。

「きたない」とは、汚れていて不潔というだけではありません。傷だらけ、嚙んでぎざぎざの爪、ささくれだらけだと、相手に与える印象は「きたない」となります。「きたない」というのは、手入れがされていないということ。たとえ仕事柄あれていても、アレルギーなどがあっても、手入れされた手は美しいものです。だから、いつも丹念に手を洗いましょう。爪を切り、クリームを塗り、きちんと手入れをしましょう。

これは自分の体をいつくしむこと。健康に留意し、文字通り「手入れ」することです。その意味で、手と同じように足もきれいにしましょう。目に見えないところまできれいに整えるという心がけが、ていねいな暮らしや人生をかたちづくるのです。
これは男性の目線かもしれませんが、いくらきれいな服を着て美しくお化粧した女性でも、かかとがガサ

ガサだと、がっかりしてしまいます。

もちろん、男性でも女性でも、自分の体を大切にするべきであるのは同じです。体や健康という、命につながることに留意しない人は信用できない――こう言えば、冒頭の言葉もあながち乱暴には聞こえないと思います。
○風邪を引いて、夜、お風呂に入れなくても、手足を洗って眠るとすっきりします。
○きちんと手入れされた手でいれば、男性でも女性でも自信が持てます。

暮らしの引き算

2＋1−0＝

増やしたら、減らす。

ごくシンプルなこのやり方が、ていねいに生きる秘訣です。

新しいものを一つ手に入れたら、部屋のなかにあるものを一つなくす。そうすると、いつも余白がある暮らしとなります。

「ものを所有することや趣味を持つことに対しても、恋人に向き合うのと同じ態度が必要だ」

こう言うと笑う人もいます。それでも、「新しく好きになった人ができたら、今つきあっている人とは別れる」という真摯な気持ちを、日常の随所でもちたいのです。何人もの恋人と薄いつきあいをするより、一人の人に気持ちを捧げたいという願いは、人に対しても、ものや趣味に対してもまるで同じです。

なぜなら、数の限られた選ばれたものだけ持っていれば、一つ一つを宝物のようにいつくしむことができるのですから。

だから僕はギターの練習を始めたとき、それまでけっこう好きだった自転車を処分しました。「趣味はたくさんあるほうがいい」というイメージは、よく言われることであっても、普遍のルールではないはずです。

実際に試してみると、いっぱいいっぱいにならずに、自分のなかに新しいものを取り入れる余裕ができました。ものや趣味は言葉を持ちませんが、気持ちを捧げれば、こたえてくれるということでしょう。

今の状態からどんどん引き算をすることも、毎日に余白を増やすこつです。

たとえば、ドライクリーニング。

あるとき、ふと思いついて、季節ごとに服を買うのをやめて暮らしたことがあります。一年ほどまったく何も買わず、これまで持っていた服だけで過ごしたのですが、なんら不自由はなくむしろ心地よいものでした。

その後、必要な服だけを買うようになってから、「ドライクリーニングをしなければいけないような服はやめよう」と決めました。こうすれば日常から「クリーニング」という一つの要素を引き算できます。

環境に配慮してオーガニックコットンにこだわるのもいいのでしょうが、それをクリーニングに出していたら、さまざまな薬品や電力が使われるでしょう。

しかし、自分の手で洗うことができる品だけを持ち、きれいにアイロンをかける手間をおしまなければ、本当の意味で自然を守ることにつながるはずです。

毎日を点検し、暮らしの引き算をしていきましょう。

よく言われることですが、テレビなどは引き算にぴったりだと思います。ニュースは新聞でわかりますし、テレビで得ていた気分転換や楽しみは、自分の力で絶対に見つかると僕は信じています。

増やしたら、減らす。増やさなくても、減らす。

風通しがよい自分でいれば、軽やかに歩いていけます。

○必要のないものに、部屋だけでなく、心の空間も埋められていませんか?
○流行を追いかけるより、長く使える上質なものを一つ持ってはいかがでしょうか?

「足りない病」を治す

なにがあっても口にしたくない言葉があります。

それは、「お金がない」と「時間がない」。

「趣味を持とうにも、お金もないし、忙しくてそんな時間がとれない」と言う人は、あなたの身近にもいるかもしれません。

食材を買う、勉強をする、旅に出るお金がない。

料理をする、ゆったりする、勉強をする時間がない。

無造作にこんなことを言ってはばからない人は、自分をすこやかに保つことを、はなからあきらめている気がします。

なぜなら普通に仕事をし、普通に生活をしているのに「お金も時間もない」というのは、ある種の病気、いわば「足りない病」だと解釈しているからです。

もちろん、不慮の事故や病気、身内に何かあったとき、「大金が出てお金がない、看病で忙しくて時間がない」というのなら、わかります。

しかし普通に生活しているのにお金も時間もないというのは、別の話です。

きちんとした食事、リラックス、学び。これらを成し得るために、ものすごい大金や、ありあまる時間はいりません。ちょっと豊かになり、ほんのひと手間かけるためのお金や時間は、いかようにも工面できるのが、すこやかな状態だと思うのです。

「お金がない」と言って許されるのは、まだ働いていない学生だけです。

「時間がない」と言ってもいいのは、特殊な事情で身動きが取れない人だけです。

大人として社会にかかわっているのであれば、「お金がない、時間がない」は絶対に口にしてはなりません。

もし、ちらりとでもそう思ったら、「足りない病」になりかけていると、自分の状態を点検するきっかけにするといいでしょう。

風邪を引いたとき生活態度や食習慣を見直すがごとく、「足りない」と思ったら自己干渉しましょう。

病因を自分のなかに見出せば、きっとよくなります。「足りない病」は、不治の病ではないのです。

○「足りない」と言うことは、何かの原因を人のせいにする怖い行為でもあります。
○「足りない」を禁句にすると、新たな打開策が見えてきます。

お金という種

お金というのは、使えば使うほど増えるもの。

「今月はずいぶんお金を使ったな」というのは、僕にとって喜ばしいことです。投資家のごとく、資産運用テクニックでお金を増やすという意味ではありません。

お金を使えば通帳の残高は減りますが、自分のなかの価値としては、ただのお金であったときより、ぐんと増えているはずだということ。

逆に言えば、意味のない貯金などきっぱりやめて、自分が何倍にも豊かになるようなお金の使い方をしたいと思います。それが真の資産運用であり、お金という種を育てることです。

まだ僕が若く、あてどなくさまよっていた頃、付き合ってくれたまわりの大人はみな、「お金の使い方をちゃんと勉強しなさい」と教えてくれました。

だからこそ、お金はいつも慎重に使わねばなりません。

使えば使うほどいいといっても、単なる欲望のためなら消費です。

おなかをすかせたリスのごとく、お金というひまわりの種をカリカリ食べてしまったら、そこでおしまい。しかし、一粒の種を肥沃な土地に蒔《ま》けば、再び大きなひまわりの花が咲き、その花からは、またたくさんの種ができます。

旅に何十万円も使い、何一つ形に残るものがなくても、自分のなかに経験や本物を見る目という価値が備われば、それはお金という種を育てる投資です。
高級で素敵な時計を買っても、単なる「欲しい」というわがままや、満たされ

ない別の欲望のかわりであれば、それはお金という種を食べてしまった消費です。

株の投資といったことは別問題で、僕は興味がありませんし、家賃や電気代は消費か投資かという以前の必要経費ですが、種を育てる資産運用を学びたいものです。

「ああ、失敗した！」と思うこともありますが、それも立派な勉強です。

ランチ代をどう使うかも、立派な資産運用。心も体も満ち足りる食べ物であれば投資ですし、そそくさと買ってきたカップ麺で済ませるのは、お金を捨てる行為です。

○貯金というのは目的ではなく手段だと覚えておきましょう。

○自分に価値あるものに投資したほうが、銀行にお金をあずけるより、はるかに高い利子がつきます。

自分の決算書

「自分にとって大切なことはなんだろう?」

お金を使うというのは、じっくりこう自問することだと僕は考えます。

価値観というのは人それぞれ違います。

たとえば、珍しい外車に一〇〇〇万円払うのは高いと思わなくても、古ぼけた本に一〇〇〇円は高すぎると感じる人もいるでしょう。コンビニで買う一五〇円のおにぎりは高いけれど、取れたてのトマトに払う三〇〇円は安いという人もいるでしょう。

どちらがいい・悪いではなく、自分の価値観に見合っていればいいのです。

ただ、大切なことは、無造作にお金を払わないこと。一〇〇円でも一〇〇万円でも、「これは自分にとってどんな価値があるか」を考えずにお財布をひらくのは、あやういことだと思います。「なんとなく良さそう」という感覚だけで服を買うのは、お金とのつきあいの基本を無視することになります。

さて、価値観を見直すというお金の基本をマスターしたら、半年に一度、収支の確認をするといいでしょう。

僕は長いこと一人でお店をやってきたので、決算はおなじみです。入ってくるお金と使ったお金を定期的に確認し財政を把握しなければ、仕事を続けていけません。

収支の確認はまた、すべての個人に必要なことです。なぜなら、会社に勤めていようと、主婦であろうと、人はみな「自分株式会社」の経営者。赤字で借金をしなければやっていけないのか、大儲けはできなくても滞《とどこお》りなくお金が流れているのか、ちゃんと把握しておかなくては、人生をコントロールできなくなります。

「このくらいだったら、大丈夫だろう」というフィーリングでお金を使い、「きつかったから一、二カ月我慢しよう」とフィーリングでお財布を引き締めているのは、綱渡りと同じです。

「今の自分の生活はどうなっているのか？　家賃は？　食費は？　娯楽や学び

は？」

こうやって定期点検し、「大丈夫だ」と安心できれば、暮らしは健康になります。

○半年に一度は自分の財政の収支決算をしてみましょう。
○お金をコントロールすることは、自分をコントロールすることです。

第4章

おだやかな晩ごはん

～いくつもの今日という日を、ていねいに重ねましょう～

一日一回さわる

ものをいつくしみ、自分をいつくしむ。これは毎日の暮らしをいつくしむということだと思うのです。

いつくしむ方法は、一日一回、さわること。ごく単純ですが、とても大きなことだと思います。

たとえばカウブックスでは、商品でも店に置かれた椅子の脚でも、一日一回、さわってあげることにしています。

さわれば、その本なり椅子なりの状態がはっきりわかります。埃がついていたら払い、傷がついていたら修理し、並び順を整理整頓することもできます。

しかし、まったく変わりがなくきれいなままでも、さわるとさわらないとでは大きな差が出てきます。さわったことで、あたかも命の吐息がふきかかったがごとく、そのものがすこし元気になるのです。

逆に言えば、誰にもふれられず置き去りにされたものは、やがて生気を失います。僕が本や服を少ししか持たないのも、自分が毎日さわってあげられるものには、限りがあると知っているためです。これを裏返しに考えれば、ほんの少しの選び抜いたものだけ持つのであれば、毎日さわることも可能ということです。

さわるとはまた、点検でもあります。

自分の手足や髪といった細部も、ものと同じように一日一回はきちんとさわり、点検し、すこやかかどうか確かめましょう。

大切なものにふれる暇もなく終わる日々が連なるとは、大切なものをぼろぼろと取りこぼしていく日々が積み重なることでもあります。

大切なものにさわり、あいさつをしましょう。明日のために、今日もていねいな「おやすみなさい」を言えるように。

○ここ一年、さわっていないものがあったら、整理することを考えてみましょう。

○夜ねむる前、足にクリームをつけてマッサージ。「今日もありがとう」と声をかけて。

基本条件は孤独

三人以上、人が集まるところに、僕はなるべく行きません。

パーティのたぐいも断りますし、誘われても、飲み会や食事会は遠慮します。すこぶる「つきあいが悪い人間」というわけです。

体質的にアルコールを受け付けないとか、早寝早起きという自分のリズムを守りたいといった理由もあります。おだやかな晩ごはんを家族といただき、本を読んだり考えごとをして一人で過ごし、特別なこともなく静かに眠りにつく夜が多いのです。

しかしつきあいが悪い本質的な理由は、もともと社交的ではなく、大勢の人と会うのが苦手だから。さらに言えば、人間が生きる基本条件は孤独だと思っているから。

人は人とかかわりあって生きていきますが、恋人だろうと家族だろうと、一〇〇パーセントぴったり、一つになってはいないものです。何を考えるかで行動も生き方も決まりますが、思考というのは、誰かと一緒にはできません。感じる、思う、考える、選ぶ、決める――人生の根っことなるこうしたことは、一人でしかできない。この事実を、いさぎよく認めねばならないと思うのです。

だから僕は、孤独であることを基本条件として受け入れています。

孤独を誤魔化すために意味もなく人と会ったり、仲間と騒いだりはしません。そのぶん、一人で考えたり、独学をして、なんとか望むような方向に歩いていきたいと願っています。

もちろん、一人でいることが心地よい僕にとっても、孤独はいつも味方ではありません。寂しい、怖い、心細いといった恐怖心に囚《とら》われることもしばしばです。

とくに仕事は、孤独との戦いのようなもの。一対一〇〇で世界と対峙する覚悟がなければ、思ったようなものは作り上げられません。

たとえ、たった一人で批判や反対意見を浴びるとしても、ひるまずに受け止めなければいけない場面もあります。みんなの気持ちを慮《おもんぱか》って意見を聞き、和気あいあいと話し合って良い企画が形になるなど、現実にはありえない話です。

だから僕は、「一人でがんばらなければいけないとは、なんて自分は不幸だろう」などと悲劇の主人公みたいに思ったりしないのです。人は孤独であらねばならないと承知し、そのうえでどう孤独と向き合うかを考えたいのです。

この姿勢は仕事だけでなく、暮らしのすべてに共通しています。

「寂しさや孤独をどうとらえるのか？」

これは人生に大きく影響する問いかけではないでしょうか。

僕はまた、「一人になれるか？」と自分にしばしば質問しています。

若い頃、外国で一人になったとき、孤独と真正面から向き合うことの厳しさを知り、そこから大きな学びを得ました。だから今でも「一人になれる強さと潔《いさぎよ》さを保て」と、自分に言い聞かせているのかもしれません。

時として、人といっさいのつながりを断ち、「変わったやつだ」と仲間はずれにされようと、「ずいぶんつきあいが悪いな」と批判されようと、平気で受け流す。そうすると、不思議なことにかえって本物のコミュニケーションが生まれます。言いにくいことを、お酒の入った席で言おうとお互いに思わないし、だからこそ、正面から向き合った会話の機会が持てるのです。

うわべだけの淡いつながりにすがって生きるのは、一人でいるより、もっと寂しいことではないでしょうか。

寂しさから誰かに寄りかかるとは依存であり、相手の心に寄生することです。そこからは信頼関係も、愛も友情も育ちはしません。ましてや群れて徒党を組むなど、あってはならないことです。

旅に出るなら誰かと一緒がいい、自分をよく知っている仲間に囲まれ、「安心ゾーン」で暮らしたい――。あなたにもそんな気持ちがあるかもしれませんが、勇気を出し、思い切って手放してみましょう。

こんな意見を言ったら、ひとから顰蹙《ひんしゅく》を買うのでは、うっとうしく思われるのでは――。そんな思いで「なんでもいいです」と口にする悪い癖は、一生懸命に努力して直しましょう。

孤独を受け入れ、自分の意見、自分の立場を貫くこと。

軋轢《あつれき》や波風を恐れない強さを持つこと。

この姿勢が、おだやかな暮らしを守ってくれると思います。真っ暗闇のなかを、たった一人で毅然と歩いていく強さがあってこそ、すれ違う人とも深くかかわれるのです。

○たまには思い切って一人で旅をしましょう。違う景色が見えてきます。
○なんとなく参加する集まりを、一つ減らしましょう。断る勇気も大切です。

じんわりやさしく

僕は昔、よく熱を出す子どもでした。扁桃腺《へんとうせん》が弱いので、小さい頃はしょっちゅう風邪をひいたり喉をやられたりして、学校を休んだものです。

小学二年生のときのこと。いつものように熱を出し、家で蒲団にくるまっていました。

両親は働いていましたし、姉も出かけてしまいます。学校に行っていればみんなそろって授業を始める頃、僕はひとりぼっちになるのです。

がらんとした家は、見慣れたはずなのにどこかよそよそしく、少し怖い感じもあります。テレビを見ても楽しくはなく、だんだん退屈が募《つの》ります。それでも熱っぽい体はだるく、起き上がって遊ぶこともできません。

やがて退屈のすきまから、おなじみになった寂しさと不安がひょっこり顔を出します。すると、本を読んでも空想にふけっても、気持ちがまぎれなくなるのです。

そんなある日、一人で寝ていると、玄関のチャイムが鳴りました。担任の先生が訪ねてきてくれたのです。

パジャマ姿で出迎えた僕には、うれしさより緊張がよぎりました。学校一怖い男の先生。教室にいても近寄りがたく厳しいのに、学校の外で会うと、なおさらいかめしく思えました。

ところが先生のかたわらで、鳥の声がします。さえずりの主は、メジロでした。先生は、片手に小さな鳥かごを提げていました。

「松浦くん、体の具合はどうだ、この鳥をしばらく君にあずけるから、少し良くなったら、これをよく読んで世話をしなさい」

差し出された紙には先生の角ばった文字で、エサや水、ふんの掃除など世話の方法がきちんと記されていました。学校に行けない子どもが、家に一人ではどんなに寂しくつまらなかろうと心配した先生は、自分が大切に飼っていた小鳥を、お見舞いとして持って来てくれたのです。

子どもだった僕にとって、メジロのお見舞いは、熱があることすら忘れるくら

い、心おどることでした。

ちっちゃくて、うぐいす餅みたいなきれいな緑色をしていて、目のまわりが白くふちどられ、全体はまん丸の体つき。ただ、チュイッチュイッと鳴いていることもあれば、一人前にときおり「チーチュルチーチュルチーチュルチー」と鳴いたりもします。

羽根をきゅーっと広げる仕草もかわいくて、眺めていると夢中になり、飽きることはありませんでした。

テレビはつまらないのに、メジロの観察は、幼い僕をひきつけてやまなかったのです。ちょっと具合がよくなるとちゃんと世話をして、絵も描きました。

やがて熱が下がって学校に行けるようになると、僕は先生に絵をプレゼントし、その日の夕方、メジロは先生の家に引き取られて帰っていきました。

特別な言葉はなくても、自分が大切にしている小鳥をお見舞いだとあずけてくれた。あのときの先生のやさしさは、今でもじんわりと、僕の心を温めてくれます。もう三十年以上たつのに、メジロの糞のにおい、丸い瞳も忘れることはありません。

人は、いやなことは意外に忘れてしまうものですが、親切ややさしさの思い出は、色あせることがありません。先生に直接、あの時と同じやさしさを返すというよりは、自分も誰かに同じように親切にしてあげたいと思います。

やさしさや真心を暮らしのなかで循環させる。毎日それを繰り返す。

みんながそうしていれば、お金やすばらしい環境を得るのとは別のやり方で、幸せも見つけられるような気がするのです。思いやりや親切は、かつては当たり前のことでしたが、今は頑張って努力し、取り戻さなければいけないことかもしれません。

貧しい学生にお金を貸すとき、こんなふうに言う大金持ちがいるそうです。

「私に返さなくていいから、大人になって人に貸せる立場になったとき、同じように困っている誰かにお金を貸してあげなさい」

なんとも上等な言葉ではないでしょうか。

数十年の時が過ぎ、同窓会で先生に再会した僕は、改めてメジロのお礼を言いました。あのとき、どんなにうれしかったか。心がどれほど慰められたか。

「メジロはもう死んでしまったけれど、そのかわり、小学生の君が書いた絵は今でも額に入れて飾ってあるよ」

先生はそう教えてくれました。僕の心はまた、温かな贈り物をいただきました。

○受けた親切をその人に返せない。そんなときは、別の人に返してもいいのです。
○本当の親切とは、無償のものであり、相手の立場や心に寄り添ったものです。

選ぶ訓練

注文は一瞬。買い物は即決。

僕と初めて出かけた人は、びっくりします。

レストランで何を食べようか迷うこともないし、買い物でどの服にするか悩むこともありません。見た瞬間、どれを選ぶべきかわかるのです。これはプライベートのことだけでなく、仕事でもなんでも同じです。

企画をやる・やらない、この人とつきあう・つきあわない、次の休暇はサンフランシスコに行く・ニューヨークに行く、なんでも瞬間で判断します。

はじまりはたぶん、幼い頃。絵が好きな子どもだった僕をデパートの美術展に連れて行くたび、母はこんなことを言いました。

「さあ、どの絵がいいか選んでみなさい。買って帰っておうちに飾るつもりで」

もちろん手が届く値段ではありませんが、自分の部屋に飾ると思えば、真剣になります。一〇〇点の作品を漫然と眺めるより、たった一枚を選んで自分のものにするという目で見ていけば、好き・嫌いを超えた判断基準が研ぎ澄まされます。美術展の帰り、一枚だけ買ってもらえるポストカードをどれにするかも、絵とはまた違う、僕にとっては真剣な選択でした。

おもちゃ屋さんに行ったときも、毎回、どのミニカーにしようかと、実に真剣に選んでいました。あまりものを買ってくれる親ではなかったので、結局は「また今度ね」と言われることも多いのですが、今度のために選んでおかねばと思っていたのです。

知らぬ間に親が施《ほどこ》してくれた、ものを選ぶ訓練。これは大人になってからの財産になっています。僕はよく仕事が速いと言われますが、それは作業や書くことが速いのではなく、判断が速いためだと思うのです。

暮らしも仕事も、選択の連続です。誰かとランチに行くか行かないかでさえ、選ばないで保留にしていると、自分にも相手にも負担になります。イエスもノーも抱え込んだまま一人で考えていたら、心地よいリズムで生きるのはむずかしくなります。

とくに仕事での判断を保留にし、いつも「ちょっと時間をください」などとやっていたら、流れは確実に止まり、まわりの人にも迷惑をかけてしまいます。

そこで僕は、今でも選ぶ訓練を続けています。

たとえば、電車に乗ったときはあたりを見回し、「この車両で一人友だちをつくるとしたら誰がいいだろう?」と考えてみます。休日の新聞に中古住宅のチラシが挟まれていたら、買う気はなくても「どの家を買おうか、買う決め手はなんだろう?」と思いをめぐらせます。

これらは選ぶ訓練であると同時に、直感もきたえられ、想像する訓練にもなります。

そのためか、僕はアメリカの倉庫のように巨大な古書店で膨大な古本の山を見ても、興味があって好きな本を素早く探し出せます。「この大きな景色のあそこに宝が埋まっている」と、瞬間的にわかるのです。

本を読んでいても、全体のなかから自分に必要な言葉がパッと見つかります。

ちょっと困っているのは、人と食事に行くとき。一瞬で相手のぶんまで勝手にメニューを決めてしまうので、これは気をつけねばと思っているのです。

○イエス・ノーを判断しないのは、相手と自分の負担になると覚えておきましょう。
○暮らしのなかに選ぶ訓練をする材料はあふれています。見つけて試してみるといいでしょう。

「それなり」を捨てる

たいそう忙しい日というのは、誰にでもあります。

たとえば資料をつくる締め切りだ、あるいは今日のうちに大量の洗濯をし、衣替えを済ませてしまいたいという具合です。

そんなとき、あなたはおそらく目の前の「いちばん忙しいこと」に集中するでしょう。何よりそれを優先し、ほかのことは、それなりに済ませます。

無我夢中でパソコンにデータを入力していたら、同僚が困った顔で話しかけてきても、適当に返事をし、それなりに済ませる。集中して衣服の整理をしていたら、子どもが何か尋ねてきても上の空で、それなりに答える。はたしてそれでいいのでしょうか。

「無視していないだけ、ましだ」と思うかもしれません。それなりに済ませても、大きな影響は出ないように見えます。

しかし、あなたにとって、資料づくりと一緒に働く人はどちらが大切でしょう？あなたにとって、衣替えは子どもよりも優先すべきことなのでしょうか？

忙しいときほど、本当に大切なことは何か優先順位を見つめなおすクセをつけないと、だんだん恐ろしいことになります。それなりの積み重ねにじわじわと蝕まれ、知らないうちに世界まで変わってしまうのです。

いっそ、仕事に夢中で同僚とトラブルが起きたり、相手をしてもらえない子どもが泣いたりするほうがまだいいと僕は思います。なぜなら、そこで立ち止まり、「ちょっとまずいな」と困ることができるから。

それなりにこなすと、表面はなだらかなまま、内側が蝕《むしば》まれていくのが怖いのです。

たとえばカウブックスでも、忙しいときにスタッフが、下を向いたままお客さまにあいさつしていたことがありました。

「いらっしゃいませ、ありがとうございます」

言葉にはしていますが、それはあいさつではなく、ただの「声」。それなりでいいのなら、声を出しただけでよしとなるのでしょうが、僕たちの理想とするお店のあいさつは、そんなおざなりなものではないはずでした。

仮にまったくあいさつをしなければ、接客態度がよくないということが露呈しますが、口でそれなりに唱えていると、あやまちが曖昧になってしまいます。

人は毎日に流されます。いちばん大切なことは何かを忘れずにいるのは難しいから、僕はときどき立ち止まり、どうすればいいのかを考えています。

「それなり」をやめるためには、一度、流れをせきとめるといいのです。

カウブックスの場合、みんなで働き方について話し合いました。

お店にとっていちばん大切なのは、商品整理をするといった自分たちの都合ではなく、お客さまが本と出合える場所をつくり、おもてなしをすることだというのが結論。

そこで、忙しいなかでどうおもてなしをしようか、一生懸命に考えて試してみました。そうやって働いているうちに、一つ、それなりを捨てることができたのです。

家庭でも職場でも同じだと思います。本当に大切なことを、それなりで済ませていないか、ときどき点検しましょう。人との関係のほとんどは話し合いで解決できますから、一緒に立ち止まるといいでしょう。

○大切なことをルーティンで流していないか、見直しをしましょう。
○ごく普通のことでもきちんとやれば、特別なことになります。

面倒くさいと言わない

楽しく生きたい、幸せに生きたいなら、面倒くさいと言わないこと。当たり前のことですが、どうにも忘れがちなので、思い出してほしいのです。

たとえば大切な仕事を頼まれて、「面倒くさい」と答えることは許されません。たいていの働く人はこのルールを守っているのに、どうしてほかのもっと大切なことを、「面倒くさい」と切って捨ててしまうのでしょう。

「面倒くさい」とは仕事のみならず生活のすべてで言ってはならない、考えてはならないことだという気がします。

世の中は、面倒くさいことをなくして便利になってきました。手間がかかってしかたがなかったものを、新しい方法を発明して改善する、その繰り返しで世の流れができているのです。

ところが、便利なものとは諸刃の剣。便利なものを使えば使うほど、楽しみがこぼれていくことにも、そろそろ気づいたほうがいい気がします。効率と便利さを追求した結果、失っていくものもあると自覚する。僕たちは、そんな時期にさしかかっているのではないでしょうか。

だから、毎日をていねいに、手間をかけて過ごしましょう。何に手間をかけようか、考えながらその日を送りましょう。面倒くさいと片付けず、あえて手間隙《ひま》をかけることで、ささやかながら極上の喜びが見つかるはずです。

メールではなく手紙を書くのは、面倒くさいけれど楽しいものです。

買ったお惣菜でなく自分で夕食をつくるのは、面倒くさいけれど楽しいものです。

ヘリコプターでなく歩いて山を登れば、面倒くさいけれど自分の足でたどり着いたものにしか見えない、特別な景色を目にすることができます。

面倒くささという「大変なもの」を乗り越える。その毎日の積み重ねには、上等のごほうびが待っています。

○掃除、料理、あいさつ、身だしなみを「面倒くさい」と思わずていねいにしましょう。

○面倒くさいことをていねいにやると、それがその日のトピックスになります。

したいこと・やるべきこと

自分がしたいことを、どんどんやる。これは良いこととされていますが、はたして本当でしょうか？

「したいこと」は自分の内から湧き出た真実のように感じますが、必ずしも大切ではない気がします。ちょっとイメージしてみましょう。

大きな地図のなかを、親指くらい小さくなった自分が歩いているところを、外側から観察するとします。全体を眺めているあなたにはゴールが見えていますが、地図のなかの小さなあなたには、すぐ近くの道しか見えません。

途中に、むらさきの美しい房をたらしたブドウがあれば、小さなあなたは食べたいと思い、立ち止まるでしょう。食べ終えてまた歩き出したとき、右手に面白そうな遊園地が見えてきたら、小さなあなたはちょっと遊びたいと思い、そちらに足を向けるでしょう。

こうして道草をくってばかりいると、その一瞬は楽しくても、なかなかゴールにたどり着けません。

こんな具合に、「したいこと」のなかにはゴールに関係のない欲望がたくさん混じっていると思います。お酒を飲む、ぱっと遊ぶ、気晴らしに買い物をする——それらはみな自分の内から湧き出たものですが、大切なことではないと思うのです。

一方、「やるべきこと」とは、ゴールに向かって成長していくために必要なことです。あくまで自分から発する行動で、仕事のノルマや誰かに強制された「やらねばならぬルーティン」ではありません。同じたとえで言えば、親指サイズのあなたの行く手に大きな川があったとき、ボートがなくても泳いで渡らなければゴールに近づけないこともあるでしょう。僕にとって「やるべきこと」は、こんなイメージです。

何かをするときは、その行動はあなたにとって「したいこと」なのか「やるべきこと」なのか、きちんと認識したほうがいいでしょう。

今、この瞬間の楽しみに生きるという刹那《せつな》がいいのか、それとも本当になりたい自分に向かって生きていきたいのかによって、どちらを選ぶかは変わってきます。

○簡単で楽しいことと、大変だけれど面白いことの違いを理解しましょう。
○気晴らしはたまにいただくお菓子のようなもので、毎日の食事にはなりません。

自分の使い道

「やりたいことが、やらせてもらえない」と口を尖《とが》らせるのは、子どもだけではないのです。大人が漏らす不満や愚痴が、世界のあちこちにこぼれています。

「成長できるチャンスが巡ってこない」などと言う人もいます。

しかし、仕事でも人生全般でも、やりがいがあって成長できる、自分にぴったりの役割が巡ってくるなんてことは、起きる道理がありません。

なぜなら、人から「これをしなさい、あれをしなさい」と言われたことが、あなたにぴたりと合うという可能性は、とても低くて当然だから。

そもそも、チャンスを待っているとは、自分を完璧にコントロールしてくれる誰かを待っているということです。そんな「待ち時間」が、楽しいわけがありません。

だからといって、「私は○○がしたいのです」と、自分から主張すれば良いというわけではありません。

「したいこと」と「本当にできて、役に立つこと」は違います。

「あれがしたい」と憧れていても、実は好きではないことはたくさんあります。

「これがしたい」と思ったことでも、向いていないこともあります。

だからまずは、自分を道具と見なしましょう。

「やりたいこと」という意思など持たぬ、単なる道具として、他人事のようなしずかな目で、自分自身を見据えるのです。

たとえば自分は、フライパンなのか、まな板なのか、土鍋なのか――。

つぶさに観察し、自分のことをできる限り正しく理解しましょう。

そのためには、家族、会社、地域、社会、すべての人間とのかかわりのなかで、自分という道具はどう役に立ち、何に貢献できるかを考えてみるといいのです。

フライパンが華やかで格好よさそうに思えても、自分という道具が土鍋であれば、フライパンの役目をしようとしてはなりません。

人から「包丁をやれ」と命じられても、自分という道具が菜箸であれば、包丁になろうとしてはいけません。

使い道を間違えた道具は、なんの役にも立たないうえ、無理を続けたら道具そのものが壊れてしまいます。

道具となった自分が、「これならお役に立てますよ」というものを見つける。これが本当の意味での自己主張だと僕は考えているのです。

もちろん、ごはんも炊ければ、みんなで水炊きもできる土鍋のごとく、自分という道具の使い道は一つではありません。

「包丁の役割もできれば、まな板の役割もできる」という人もいるでしょう。

暮らしや仕事、置かれているのがどの場であるかによっても、どんな道具かは変わります。また、すべての人は「ゴールの途中」なので、時の経過とともに、かつて玉杓子《たまじゃくし》だった人がオープンに変わることだってあるでしょう。

やりたいことより、役立つこと。

どうかなるべくポジティブに、道具の使い道を考えましょう。

○よく観察し、よく考え、ていねいに行う。これに勝るプロセスはありません。
○自分という道具を選んでもらえるように、手入れをおこたらずにしましょう。

自分のデザイン

ごく普通の人間であり、決して力持ちのゾウなんかじゃないのに、何トンもの荷物を抱えてはいけません。

いったい、自分はどれだけの荷物を持てるか、キャパシティを知っておくことは、とても大切です。

たとえば人づき合いの量。所有するモノの量。仕事の量。

むやみに多くの人とかかわって関係がおざなりになってはいけないし、管理しきれないほどモノを持つのはやめようと前述しました。

仕事についても同様で、自分を決して壊れない機械みたいに扱ってはいけません。

たとえば、自分には一五〇〇ccのエンジンしかないのに、二〇〇〇ccと同じスピードが出ると思ってあれこれやれば、心も体も無理を重ねて、病気になってしまいます。会社や人を責める前に、キャパシティを把握して自己管理できていたかどうか、もう一度、確認する必要があるのではないでしょうか。

そもそも人は、求められる生き物です。

会社はたくさんの仕事を求めてきます。家族やさまざまな人間関係も、さまざまな役割を求めてきます。いろいろな意味で、無理な要求というのは、誰にでも日々たくさん降りかかってくるものです。

それにどう応えるか、応えないか——正しい判断をすることが、自分の暮らしと相手を守ることにつながります。

日ごろから自分を観察し、自分のデザインを知っておきましょう。そうすればキャパシティもわかり、無理をすることもなくなります。自分の体のデザインや能力のデザインを、冷静に観察し、きちんと理解しておくのです。

僕がよくやる訓練は、鏡をじっくりと見ること。顔つきや体つきには健康状態や心模様も表れます。

自分のデザインを観察した結果、僕は「過剰にしない」というのが合っているという結論にたどりつきました。食事は腹八分目がいいといいますが、眠りや仕事や人間関係、すべてを腹八分目にしようと決めると、暮らしやすくなりました。暴飲暴食はしない。睡眠時間を削るほど働かず、過剰に眠らない。いくら楽しくても、遊びはほどほどで切り上げる。

この秩序が、僕というデザインにいちばん合った暮らしを整えてくれます。ときどき時間を取って、自分のデザインを知りましょう。あなたにぴたりと合った、秩序を見つけ出しましょう。

○二十代できく無理が、三十代、四十代ではきかなくなります。自分のデザインも変化するのです。

○顔だけでなく、全身が映る鏡を用意して、ときどき自分のデザインをチェックしましょう。

とことん休む

落ち込んだとき、僕はとことん落ち込みます。

どん底まで落ちていく気持ちで、一人で引きこもったりします。外からのあれこれを遮断し、「逃げ場所」に避難の旅をすることすらあります。

泣きたくなることは、たくさんあります。死にたくなることも、たくさんあります。大人で、父親で、仕事人であっても、それが僕という人間であるし、ほとんどの人はそうでしょう。だったら、誤魔化すことなんてないのです。

心がふさぎこんでしまったら、自分を休ませてあげましょう。

一週間かもしれないし、十日かもしれない。重病になったと見なし、自分で自分に正々堂々と休暇を与えるのです。生きていく最小単位は「自分」なのですから、それを優先して大切にすることは、わがままでも身勝手なふるまいでもありません。

心の病気には薬がありますし、まわりのみんなも気遣ってくれることでしょう。しかし最後に助けてくれるのは、ほかならぬ自分です。奈落の底まで落ちてしまったとき、自分以外、自分に手を差し伸べられる存在はないのです。

落ち込んだら、お酒を飲んだり遊びに行ったりして、紛らわしてはいけません。悲しいとき、涙をこらえてにこにこ笑っていてはいけません。大人だからってクールな顔で、なんでも我慢をしてはいけません。嘆きましょう。悲しみましょう。声をあげて、わんわん泣きましょう。

体がおかしなとき、嘔吐をこらえてもしかたがないのと同じように、たまってしまった苦しみは、思い切って吐き出すのです。そして涙が枯れる頃、いちばん恐ろしいもの――自分が抱えている闇そのもの――と向き合えば、いつか必ず乗り越えられます。乗り越えたあとは、不思議と強くなっているものです。

何かいやなことがあって乗り越えられない友だちがいれば、僕はこう言います。

「泣き足りてないんだよ。どこかで我慢しているんじゃゃない？」

さて、あなたは、最近、ちゃんと泣きました？

○落ち込んだときに逃げ込む場所を確保しておきましょう。一冊の本でも、近くの公園でもいいのです。

○自分を見つめるのは怖いことですが、勇気を出す価値はおおいにあります。

欲張らないルール

何かわけ与えられるとき、二つにするか、一つにするか？　そんな場面は、しばしばあります。

たとえば、おいしそうなまんじゅうがあるとします。二つもらうこともできるし、一つでもいいというとき、僕はできる限り、一つにしておこうと心がけています。本当にほしくもないものにまで欲を出すと、バチが当たる気がします。

同じ理由で、僕は「ついでにちょっと」というのを、自分に禁じています。

具体的な話をすれば、雑誌の取材で海外に行く際、ついでに別の用をこなすこともできます。僕の仕事は、いくつかの種類に分かれていますから、堅苦しく考えなくてもとばかりに、こんなふうに言う人もいるのです。

「取材といっても、朝から晩まで休みなくじゃないでしょう。アメリカに行くんだったら、ついでに書店に寄って古書の仕入れをすればいいじゃないですか」

しかし取材であれば、その出版社のお金で、その出版社の目的のために行っているのです。たとえ時間があり余っていても、「ついでにちょっと」と自分の利益になる別の仕事をしてしまうなど、ありえないことだと思います。

このケースで言えば、本屋にはいっさい足を踏み入れずに帰国する――これが僕の欲張らない姿勢であり、清潔さを保つ努力でもあるのです。

僕自身の例を出しましたが、普段の生活のなかには、似たようなことはたくさんあると思います。たとえば、急ぎの仕事で必要だからではなく、自分が疲れていたから乗ってしまったタクシー代を会社に請求してしまう。あるいは、町内会の募金活動で集めたお金のうちから、活動者の慰労のための缶ジュース代を出してしまう。

一つ一つは小さなことですが、これが積み重なるように欲張りになっていくと、品格にすら影響するかもしれません。

同じように、まんじゅうに大勢の人が手を伸ばしていたら、自分はいちばん最後にしたいと僕は思います。人を押しのけて欲張っても、いいことなんて訪れません。
逆に言えば、そこまでしてやりたいことなど、滅多にないと思うのです。

○公私のけじめがきちんとついているか。自分を厳しく律しましょう。

○欲張らずに人に譲る。そうすれば本当に欲しいものは手に入ります。

願うという魔法

何かをやり遂げたいとき、一〇〇万とおりの方法を用意してもだめなのです。道具、手立て、具体的な実行力だけでは、なかなかことが動かなかったり、イメージしたとおりに達成できなかったり、頑張っても完成しないことがよくあります。

だから僕は、願います。

「絶対に、これをつくりあげたい」

深く、強く、心に刻み込むように願うのです。神さまに願うというより、自分の心のなかに、未知のエネルギーを生じさせるという感じに近い気がします。

願うというのは、とてつもないパワーを生み出します。強い願いとバランスの良い実行力さえあれば、かなわないことなんてないとすら思います。

その意味で、願うとは魔法だと信じているのです。

これまで僕が生きてきたなかで、ほんとうにやりたいと思ったことは、ほぼかなっています。「願って行動すれば、すべては自分の思い通りになる」。そのくらい、願うことには魔力があります。

こんなことを言うと、流行の「願ったことは何でもかなう」という考え方だと誤解されるかもしれませんが、願いには潔癖さがなくてはならないと考えています。

たとえば、「お金がほしい、すばらしい絵画がほしい、異性にもてたい」といった単純な欲望に対して願いの魔法を使うのは、ある種の冒瀆《ぼうとく》だという気がします。どんなにくだらなくてささやかなことでも、本気で願って行動すればかなうからこそ、「今日の晩ごはんはステーキがいい」といった、願うまでもない瑣末《さまつ》なことに、魔法を使うのは許されないのです。

「そんなのは意固地で堅苦しい」と思うでしょうか？　しかし、本当に大切なやりたいことは、誰にとっても神聖なもののはず。

魔法は大事なことのために、大切にとっておく。「この目的に、魔法を使わせてください」と心のなかで請《こ》うくらいの謙虚さが、魔法を魔法として守り続ける秘密です。

○あなたが本当にかなえたい願いを明確にしましょう。
○強い願いは魔法にかわり、行動するエネルギーを生じさせます。

無垢な恋心

人を好きになること、恋をすること。

恋する気持ちをいつも持つべきだと思います。

たとえあなたがいくつでも、結婚していて子どもがいても、恋人やパートナーがいても、誰かに心を動かされたら、それをせき止めてはいけません。

「この人すてきだな。好きだな」

心がそうつぶやいたら、無理やり押さえ込んだり、コントロールしなくていいと思います。むしろ、そう感じられる自分の心の動きを大切にし、いとおしむことが、毎日を楽しくしてくれるのではないでしょうか。

もちろん、何か行動を起こすというのは別問題です。

仮に男女のつきあいを「肉体関係を持つこと」と定義すれば、それは途中にしろ最終にしろ、一つのゴールとなります。「気持ちを伝える」というのも、ゴールとして定義できるかもしれません。

男女関係に限らず、ゴールへの途中のほうが楽しいことというのは、思いのほかたくさんあります。

ドライブにしても目的地に着くまでの道のりが楽しいし、料理をしている間に満腹になってしまうのは、野菜を切ったり味付けをしたりという途中のプロセスにも大きな意味があるからです。

同じように、誰かと出会い、好きになり、自分の気持ちがわあっと高まって、相手に伝えるまでのわくわく感は、告白の瞬間を上回る場合もままあります。

二人で会って話をし、相手を知りたい、相手に近づきたいというもどかしさを抱えながら言葉を交わす初々しいときめきは、肉体関係を結ぶそのときよりも、輝いているかもしれません。

当然ながら恋愛には、つきあいが始まり、肉体関係ができたその先にもっと楽しい続きがありますが、もしあなたにすでにパートナーがいるのであれば、他の人にそれを求めるのは別問題となります。そうであれば恋心は殺さず、しかしゴールを目指すことはせずという状況を楽しんでみてはどうでしょう。

ゴールがない恋心は、無償の愛にも似ています。相手を振り向かせようとか、自分を好きになってもらおうという欲望、ちょっと言い方はおかしいかもしれませんが「見返り」をいっさい求めない、無垢《むく》な気持ちです。

この人が好き、この人はすてき、この人のことを考えるとわくわくして、元気になれる。そんな気持ちは馥郁《ふくいく》とした香りのように、暮らしのすべてに広がります。

相手に伝わらない、いいえ、伝えようとすらしない一〇〇パーセントの片思いは、一〇〇パーセント純粋な恋心。

大人になると無償で純粋なものは、暮らしのなかに見つかりにくくなります。だからこそ恋心を、唯一手つかずの「純粋なもの」として宝物にするのもいいものです。

恋心のすこやかさは人生のいろどりであり、大いに喜び、楽しむべきことではないでしょうか。

無理やり相手を探すのではなく、ふと出会ったときの恋心を消さない。そうすれば、電車で乗り合わせた見知らぬ人にさえ、初々しい恋ができると思うのです。

○結婚していても、いなくても、いくつになっても恋はいいものです。

○わくわくする気持ちを大切にして、行動するための勇気に変えていきましょう。

無になる練習

日々の雑事で心がいっぱいになってしまうのではなく、ある程度、心に余白がある状態が好ましい。それが僕の基本であり、ゆったりするための方法でもあります。

瞑想法の本を読んでいて、ぴったりのイメージレッスンを見つけました。それに自分なりの工夫を付け加え、よく、眠りにつく前におこなっています。

ざわざわした心が静まり、おだやかに心の余白を広げていける方法なので、ご紹介しておきましょう。日中、ソファなどにゆったり腰掛けておこなってもいいと思います。

まず、ベッドに入って目を閉じます。そして自分の心のなかをイメージします。

きっと心には、一日のいろいろなことが入っているでしょう。仕事やプライベート、大きなものや小さなもの、あれこれあるはずです。ここでちょっと点検します。

「心の部屋はぎゅうぎゅうか、それとも余白があるだろうか?」

余白があるときは、そのまま眠りにつけるほどゆったりしているはずです。しかし問題は、余白が見つからないとき。精神的に追い詰められているときは、心の部屋にはたくさんのものが詰め込まれ、何が入っているかわからないほど、ごちゃごちゃになっているはずです。そうしたら、自分にこう尋ねます。

「やるべきことと、したいことが一緒になっていないだろうか?」

「誰かや何かの影響が大きすぎて、自分のルールや秩序が乱れていないだろうか?」

「自分のデザインを忘れ、キャパシティを超えた無理をしていないだろうか?」

これらの問いに一つ一つ答えたら、イメージをがらっと切り替えます。

まず、高い山のてっぺんの、ちょっとしたくぼみに座っている自分をイメージします。わざわざ下を向かないと雲も見えないほど、とても高いところです。ゆるやかに、ふわりふわりと流れる雲は、はるか彼方下方にあります。

そこにいるのは、たった一人で座っている自分だけ。あたりはまったくの静寂。

目に入るのは、雲すらないあかるい空だけ。感じるのは、ちょこんと腰を下ろした山のてっぺんのくぼみだけ。

だんだん、感覚を消していきましょう。まずは座っているおしりの感覚を消します。おしりが少しずつ宙に浮いていきます。体が軽くなり、ふわっと空に浮かびます。

ぷかぷか浮かんだら、ほんとうにリラックスして気持ちがいいので、ごろんと空に寝そべりましょう。

横たわって手足を伸ばします。目を閉じれば、もう空も見えません。感じるのは、ぷかぷかと気持ちの良い空に浮かんでいる感じだけ。

次が面白いところで、手足が体から離れていくところをイメージします。痛みもなく、あたかも風に飛ばされた雲が飛んでいくように、ふわりと手と足が胴体から離れるイメージをします。離れた手足はぷかぷか浮かび、やがて細かい破片となって風に運ばれ、空に溶け込み、消えていきます。

手足が消えると、より軽くなり、ぷかぷか浮いたままでリラックスできます。ついでに今度は胴体を、腰から上と下に、同じようにふわっと離してしまいます。胴体の次は頭を離します。

さらに自分の体を小さく、小さくバラバラにしていきましょう。やがて体は、真っ白い玉ねぎのみじん切りのように細かくなります。そしてついには雪の一片くらいになり、さらには雲の粒子くらい細かくなり、どこからともなく吹いてきた風によって、消えうせてしまいます。ついに体はなくなりました。それでも、ぷかぷか浮いている心地よさだけが残ります。心地よさを味わいながら、眠りにつきましょう。

これが僕のおすすめする、無になるための練習です。

○最初は上手く行かなくても、続けるうちにコツがつかめてきます。
○自分なりのリラックス方法を持っていると心強いものです。

自分をなくす幸せ

僕は無宗教ですが、それでも「神さまなんて信じない」とは言いません。人が幸せになる方法を説いたものが宗教であって、仏教も儒教もキリスト教もイスラム教も、言い方が違うだけで、結局は同じことを言っているのではないかと思うのです。

日本人である僕にとって、いちばんなじみがあるのは仏教ですが、その仏教の教えの究極の目的「悟り」とは、自分を知ることだといいます。これはもしかしたら、ほかの宗教も同じかもしれません。

先人の知恵に学ぶという意味でも、僕はときどき仏教の本を読むことにしています。仏陀が残した智慧のなかで、いちばんフィットしたのが「八正道《はっしょうどう》」という教えです。

正見《しょうけん》、正思惟《しょうしゆい》、正語《しょうご》、正業《しょうごう》、正命《しょうみょう》、正精進《しょうしょうじん》、正念《しょうねん》および正定《しょうじょう》というもの。

そして、さらに心の奥深くに染み入ったのは、仏陀がもう亡くなりそうだというとき、最後の教えを聞こうと弟子たちが集まってきたときの話です。

仏陀が話をしようと地面に腰を下ろすと、ともに旅をしてきた弟子たちが、ぐるりと取り囲みます。尊い教えを一言も聞き漏らすまいと、みな懸命に師の下に集まるのは当然でしょう。

しかし、そのとき仏陀は弟子たちを叱ります。

「おまえたちが周りを取り囲んでいては、後ろで遠巻きに眺めている、野にある普通の人々が、私の教えを聞くことができない。私は彼らに話したいし、彼らは私の話を聞きたかろう。おまえたちはまず自分をつつしみ、どれほど自分を排除できるかを学びなさい」

僕は、この話に心を打たれました。毎日をていねいに暮らすその先に、この教えを自分もいつかは学び取りたいと念じました。

人は生きていくうえで、「こうしたい、ああしたい」と願います。

人はまた、人とかかわるなかで自分を主張し、我《が》が出てくるのが普通です。

自分を矢面に出して自己主張し、ものごとを実現していく、それが人生のように思えます。僕にしても、そんな場面に直面することもあります。山奥で暮らしているわけではないのですから、ある意味、しかたがないこととも言えます。

争わないといっても、競争しなければならないこともあるでしょう。

戦わないといっても、自分を守るために相手に立ち向かうこともあるでしょう。

しかし、毎日のなかでそんな営みを繰り返していても、その先にはもっと広い世界——自分をなくす幸せ——が、ひらけているというのは、すてきなことではないでしょうか？

あくせくと日々にまみれていても、最終目的はそこにはないと、知っておきたいのです。

もっと学べる、自分の知らない尊い精神の世界が、ずっと先に広く開けているとしたら、とても開放されたすばらしい地平を目指して、またわくわくと旅ができるのではないでしょうか？

自分を知るために懸命に生き、その先に自分をなくす幸せがある。そのはてしない未来が、明日は待っているかもしれません。

○自分をなくすというのは、難しいことです。けれどその先にしか見えない景色があるはずです。

○長い人生をていねいに生きたいなら、今日、この瞬間をていねいに暮らすことです。

おわりに　〜明日を待ち遠しく眠りたい〜

僕の父は、たくさんの宝くじを持っています。

すべてが見事にはずれ券。どういうわけか父は、何十年分ものはずれた券を、後生大事にとっているのです。

「はずれ券を捨ててしまったら、絶対に当たらない気がするんだよ」

あるとき、いぶかしく思った僕が尋ねると、父はこんなふうに答えました。

もしかしたら、はずれた宝くじは、父にとってのお守りなのかもしれません。

宝くじを買わない僕にとってのお守りとは、幾度となく味わってきた、たくさんのはずかしく悲しい失敗。

失敗も成功も全部取っておいて、「次の当たり」を探しつづけてきたのです。

ところが、ずいぶん長いこと気づかずにいたのですが、人生にははずれ券というものがないようです。なぜなら、失敗と成功はカードの裏表になっていて、二つで一つのセットになっているから。

たとえば、私は高校をドロップアウトし、アメリカで放浪していたことがあります。当時それは「失敗」であり、人生の暗黒時代ですらありましたが、いつのまにかそれは、僕という人間を形づくってくれた「宝物」となっていました。

「失敗」という面が見えているカードをひっくり返し、ささやかでも「成功」という面に変えていく。人生の道のりで、点々とちらばっていたばらばらのカードを、一本の線につなげていく——。

今日をていねいに生きるとは、カードをくるりとひっくり返す方法。

ばらばらの点だったカードを、一本の線に変える方法。

そしてなにより、自分で自分を日々更新する方法だと思います。

僕はカテゴライズされるのが嫌いです。肩書きで呼ばれると、無理やり何かの部品にされたようで、逃げ出したくなります。父親でもなく、編集長でもなく、経営者でもなく、何者でもない自分。素のままの「松浦弥太郎」でいたいのです。

商品名も立派なパッケージもブランドもなく、「今朝とれたての産地直送品」として、明日という日に、ラベルのないむき出しの自分を送り出したいと思います。

そのためには、日々自分を新しくしたい。汗をかいて苦労をし、自分で自分を応援する方法を見つけたい。偉い人に教わるのではなく、自分の足で歩いていって、自分の手でつかみとりたい。これは僕だけではなく、誰もが抱く気持ちだと思うのです。

その意味で、この本に書かれたヒントは僕なりのヒントです。

おそらく、あなたの心にも似たようなレシピがあるでしょう。今回はたまたま僕が代表して書きましたが、それをカスタマイズしてもっと良いものに生まれ変わらせ、次に発表するのはあなたかもしれません。

おいしい料理とは、レシピを教えた人から人へと伝わるうちに、どんどん変わり、どんどんおいしくなって完成していくといいます。

世界中の食卓に少しずつ違うおいしいものが並ぶ。おたがいの食卓に、呼んだり呼ばれたりの繰り返し。そうして人生の知恵、工夫と発見を共有できたら――。明日が来るのが待ち遠しい気持ちで「おやすみなさい」と言えそうです。

今日もていねいに。　松浦弥太郎

［解説］

山本浩未

「ていねい」な人。それが松浦さんの第一印象でした。

お会いしたきっかけは、松浦さんが桐島かれんさんと共にパーソナリティをされているラジオ番組『かれんスタイル』に出演させていただいたこと。そのとき私は、松浦さんの物腰や言葉のていねいさ、折り目正しさに感じ入ったのです。

そして、なんだかおかしな表現になるけれど、「お坊様のような方だ」とも思いました。

なぜそう感じたのか、この本を読んでわかったような気がしています。

この本の中には、自分と向き合いつつ日々の暮らしを豊かにするための知恵があふれています。そしてそれらの大本には、松浦さんの深い精神――まるで、身を清めて生きるお坊様のような心が宿っている、と感じるのです。

そうは言っても、この本には決して難しい話が出てくるわけではありません。

毎日の生活に即した具体的な行動のヒントが、さり気なく、でも、きっぱりとした語り口でつづられています。

お茶をおいしく淹れること。身だしなみに気を配ること。見えないところまで清潔にすること。いずれも、やろうと思いさえすれば今日から実践できることです。

でもそれらは同時に、生き方にも関わることでもあります。小さくてさりげないことにどう向き合うかが、人生を大きく変えていく。その考え方は、私の仕事である「メイク」とも重なります。

松浦さんの語るひとつひとつの行動は、実はいずれもその人の内面を映し出すもの。その点では、メイクも同じなのです。

「静かなしぐさ」というページで松浦さんは、コップの置き方や自動改札機の通り方などにその人の心模様が映し出される、と語ります。メイクもまた、眉の描き方やチークのぼかし方の中に「自分をこう見て欲しい」という気持ちが表れているのです。つまり見かけは、その人の内面性の表れなのです。

人の内面は絶えず変化し、成長をとげます。だから、十年間同じメイクをしているとやがてちぐはぐになるように、日々の暮らしも惰性に陥ると輝きを失い、よどんでしまうのです。松浦さんの「新しい自分を見つけよう」というメッセージは、そんな「よどみ」を取り去るための知恵なのだと思います。

それは同時に、もっと素敵で幸せな自分になるための道でもあります。

いつもより少し早く起きたら、しぐさを少し優雅にしたら、眉の描き方を少し変えたら、いつもと少し違う自分が発見できるはず。そして、少し自分が好きになれるはず。その「少し」を繰り返すうち、人生は輝きだす。この本からは、そんな幸福なメッセージが伝わってきます。

一方で、「深み」や「重み」を感じさせる言葉もありました。

中でも「与えるスケール」というページで語られる、「人生の中で大切なのは、どれだけ人に与えたかである」という言葉に、共感しました。

私の職業、メイクアップアーティストはサービス業です。メイクして、その方の魅力をアップさせ、キレイになっていただく。そして、喜んでいただく。それが、一番大事だと思っています。ですが、私が実際にメイク出来る数は知れています。もっと世の中の女性達にきれいになってもらいたい！　だから、同じ道を目指す若い世代にどんどん知識を伝え、女性達をきれいに、ハッピーにしていって欲しいと思っています。

また、「無償で自分を役立てたい」という思いもありました。

以前、ある老人福祉施設でメイクのお手伝いをしたことがあるのですが、そのときの印象は今でもハッキリ思い出せます。口紅を引いたら表情がパッと華やいだおばあちゃん。メイクした顔を鏡で見て嬉しそうに笑い合うお年寄りたち。あんな風に誰かを笑顔にする手助けをもっとしたい。報酬など関係なく、この喜びを伝えたい。私にできることはまだたくさんある……、と思うのです。

松浦さんの深い精神性に刺激され、改めて「やろう！」と、思いました。

松浦さんは、深くて大きい心の持ち主です。「自分を道具と見なす」という考え方、「人の嘘はまるごと受け入れる」という姿勢。そこには悟りの境地のようなものさえ感じられます。

「捨てる」ことについての徹底した潔さにも驚かされます。とくに、ギターという新しい趣味を始めるにあたって、それまで好きだった自転車を捨てたというエピソード。例えば、新しい靴を一足買ったら古いのを一つ捨てる、ということさえちゃんと出来ない私にはびっくりです。

とはいえ私も、捨てることの大切さは日々実感しています。というのも、実は「スキンケア」にも同じことが言えるからです。

世の中には、良質なスキンケア製品がたくさんあります。でも、肌のほうに受け入れる余地がなくては、どんなに良いものも効果が発揮出来ません。とくに新陳代謝が弱まってくる三〇代以降は、古い角質が肌に残りがち。そんなときは積極的に「捨てるケア」、つまりピーリングやゴマージュなども必要となってきます。

生き方も、お肌と同じ。つい「取り込む」ことばかりに追われがちな私たちですが、要らないものを手放してこそ、大事なエッセンスが手に入るのです。松浦さんもまた、潔く手放すことでますます豊かに、深く生きることを実践されているのでしょう。

そう考えると、松浦さんはとても「幹の太い人」なのだな、と思います。不必要な枝葉をそぎ落とし、真ん中の幹を大きく育てる。彼の言葉に触れると、そんなイメージがわいてきます。そこには、不要なものと必要なものを見分ける目の確かさも感じられます。

とすると気になるのが、その「確かな目」はどうすれば育つのか、ということ。現代のような情報過多社会では、人はつい目移りしがちです。移り変わる流行に次々と飛びついてしまったり、あるいは多すぎる情報に気後れして新たなチャレンジができなかったり。

でも、そんな中でも何かを選び続けていれば、「フィットした！」と思える瞬間がきっと来るはず。自分に合った食べ物、趣味、友人、服装、そしてメイク……。

大事なのは、その瞬間の喜びを深く味わうこと。喜びを心に刻めば、そのたび確かな目が育ちます。それもまた、自分の心をていねいに扱うことなのです。

そしてもう一つ、私が個人的経験から得たヒントがあります。それは、「大好きなこと」をひとつ持っていれば、それが力になるということ。

今、私は「大の宝塚好き」として生きています。あのきらびやかな舞台に心奪われて以来、私はただのメイクアップアーティストではなく、「宝塚好きのメイクアップアーティスト」になりました。

すると不思議なことに、周りに気後れしないようになったのです。まるっきり知らないジャンルも、初めての場所も平気。代わりに、未知に対する興味がわいてくるのです。何かを大好きという気持ちが、「私にはこれがある！」という自信という力になって、臆病さを吹き飛ばしてくれたのです。

好きという気持ちは、楽しみや幸福感だけでなく、揺るがない「幹」も作ってくれます。松浦さんが太い幹を持ったように、私もこうして私なりの幹を持つことができました。

ちなみに私の場合、そこには同時に「花」も咲いています。

華やかな舞台を観て、同じ思いを持つ仲間と目を輝かせて愉しむとき、私は完全に少女に戻っています。それは私の中の「乙女のタネ」が花開いたから。

女性はみないくつになっても少女の心——「乙女のタネ」を持っているのです。心躍ることを日々見つけて愉しめば、種は刺激されて花が咲きます。少女の頃のキラキラ輝いていた夢見る気持ちが、外見をもキレイにしてくれるのです。

そこは、男性である松浦さんと女性である私との違いかもしれません。

というより、人はすべて違った木を持ち、違った花を持っているのかもしれません。

でも全員に共通するのは、それぞれの木や花を「ていねいに」育てることの大切さ。自分と自分の愛するものに対して、毎日いつくしみをこめて接することを、すべての人に思い出してほしいと思います。

日々新しい自分を探して、小さな驚きや喜びを積み重ねましょう。その先にきっと、確かな幸福感が生まれ、ゆるぎない幹のような自分自身が育っていくでしょう。幸せも、楽しみも、きれいも、全ては自分次第なのですから。

（ヘア・メイクアップアーティスト）

著者紹介

松浦弥太郎（まつうらやたろう）

1965年、東京生まれ。『暮しの手帖』編集長、「COW BOOKS」代表。高校中退後、渡米。アメリカの書店文化に惹かれ、帰国後、オールドマガジン専門店「m&co. booksellers」を赤坂に開業。2000年、トラックによる移動書店をスタートさせ、2002年「COW BOOKS」を開業。書店を営むかたわら、執筆および編集活動も行う。2006年より『暮しの手帖』編集長に就任。

著書に『本業失格』『くちぶえサンドイッチ　松浦弥太郎随筆集』（ともに集英社文庫）、『くちぶえカタログ』『場所はいつも旅先だった』（ともにブルース・インターアクションズ）、『最低で最高の本屋』（DAI-X出版）、『軽くなる生き方』（サンマーク出版）、『日々の100』（青山出版社）、『松浦弥太郎の仕事術』（朝日新聞出版）、『いつもの毎日。』（KKベストセラーズ）、『今日もていねいに。』『あたらしいあたりまえ。』『あなたにありがとう。』（以上、PHPエディターズ・グループ）など多数がある。

ブックデザイン　中島寛子
イラスト　川原真由美
編集協力　青木由美子
林 加愛

この作品は、2008年12月に
PHPエディターズ・グループより
発行された。

PHP文庫

今日もていねいに。

暮らしのなかの工夫と発見ノート

2012年2月17日　第1版第1刷
2022年11月21日　第1版第46刷

著者………松浦弥太郎
発行者……永田貴之
発行所……株式会社PHP研究所
東京本部　〒135-8137　江東区豊洲5-6-52
ビジネス・教養出版部　☎03-3520-9617(編集)
普及部　☎03-3520-9630(販売)
京都本部　〒601-8411　京都市南区西九条北ノ内町11

PHP INTERFACE……https://www.php.co.jp/

印刷所
製本所……図書印刷株式会社

ISBN978-4-569-67771-2